Coach
für Medienrecht

- · **Journalisten**
- · **Blogger**
- · **Fotografen**
- · **Influencer**

Christian Solmecke

DFJ

Foto · Print · Internet · Radio · TV

Inhaltsverzeichnis

Vorwort

Das Internet mit seinen vielen verschiedenen Medien hat sich in den letzten zwanzig Jahren kontinuierlich verändert. Facebook, Twitter jetzt „X", Instagram, Snapchat oder TikTok sind momentan die wichtigsten Massenmedien, die Millionen weltweit nutzen.

Kaum jemand macht sich Gedanken, wie schnell man sich durch das Herunterladen und sonstiges Benutzen von Fotografien im Graubereich befindet.

Mit Rechtsanwalt Solmecke ist es uns gelungen, einen führenden Fachmann zu diesem Thema zu gewinnen. In diesem Buch bekommen Sie zahlreiche Hinweise und Tipps, die Ihnen helfen, Klarheit bei der Verwendung von Fotografien für Print- und Internetmedien zu bekommen.

Der DFJ „Deutsche Foto-Journalisten e.V." wurde vor genau 20 Jahren als Interessenverband für Journalisten und Fotografen gegründet. Sehr schnell fanden im DFJ aber auch Interessierte aus den vielen modernen Medienberufen einen gut beratenden Verband, der für den beruflichen Alltag viele Vorteile anbieten konnte. Diese helfen ihnen bei der täglichen Arbeit und erleichtern diese.

Der DFJ e.V. ist ein eingetragener Verein und hat eine Sonderstellung, weil Beratung und Betreuung der Mitglieder an erster Stelle stehen.

So verstehen wir auch dieses Buch von Herrn Solmecke als Informationsdienst, um zu helfen, dass Sie als Leser sich nicht eines Tages im riesigen Netz des Fotorechtes verfangen.

Wir wünschen Ihnen viel Spaß beim Lesen, auch wenn viele Paragrafen im Text erwähnt werden, aber so ist es nun einmal, wenn es um Gesetzestexte geht.

Ihr DFJ Team

www.dfj-ev.de

1. Einführung in das Thema

Das Thema Fotorecht ist aktueller denn je: Im Internet gibt es unendlich viele Bilder von Personen und Sachen und noch nie war es so einfach, diese zu kopieren und auf die eigene Homepage etc. zu stellen. Doch im gleichen Zuge stellt sich die Frage: Darf ich das Foto einer Freundin auf meine Facebook–Seite einstellen? Darf ich ein Foto von dem Notebook, das ich auf einer anderen Website gefunden habe, für meine eBay–Auktion verwenden?

Die Vielzahl der Rechtsfragen, die sich im Zusammenhang mit dem Fotorecht stellen, sollen im Folgenden beantwortet werden.

2. Was ist bei der Erstellung und Veröffentlichung von Fotos zu beachten?

Bei der Erstellung und Veröffentlichung von Bildern und Fotos muss der Fotograf sicherstellen, dass hierdurch keine Rechte Dritter verletzt werden.

Personenaufnahmen

Für die rechtliche Bewertung von Aufnahmen, auf denen Menschen zu sehen sind, muss zwischen der Anfertigung und der Veröffentlichung des Bildes unterschieden werden. Regelungen zur Veröffentlichung von Fotos mit Personen finden sich in der seit 2018 geltenden Datenschutz–Grundverordnung (DSGVO) und im Kunsturhebergesetz (KUG). Im Hinblick auf die Erstellung von Personenaufnahmen gibt es kein eigenes Gesetz. Sofern hier nicht ebenfalls die DSGVO anwendbar ist, können Aufnahmen im Einzelfall aber eine Verletzung des Allgemeinen Persönlichkeitsrechts darstellen.

2.1 Die DSGVO und das Medienprivileg

Die DSGVO sichert das Grundrecht auf informationelle Selbstbestimmung als Teil des Persönlichkeitsrechts eines jeden Menschen. Danach sind Menschen grundsätzlich davor geschützt, dass ihre sogenannten „personenbezogenen Daten" von Dritten verarbeitet werden. Personenbezogene Daten sind alle Informationen, die Rückschlüsse auf eine Person zulassen. Hierzu zählen auch Fotos und Videos von Personen. Daher wäre die DSGVO eigentlich grundsätzlich für Personenaufnahmen und deren Veröffentlichung anwendbar. Das würde jedoch einige Einschränkungen mit sich bringen zum Beispiel:

→ Es bräuchte für jedes Anfertigen, Verarbeiten oder Veröffentlichen von Fotos entweder eine Einwilligung des Betroffenen oder eine andere gesetzliche Erlaubnis nach Art. 6 DSGVO.

Sprich: Grundsätzlich wäre die Verarbeitung des Fotos verboten, wenn es nicht ausnahmsweise erlaubt wäre. Eine gesetzliche Erlaubnis gäbe es zum Beispiel, wenn das Foto zur Erfüllung eines Vertrags notwendig ist. Eine andere kommt in Betracht, wenn im Rahmen einer Interessenabwägung die Rechte des Fotografen überwiegen. Man müsste sich in jedem Fall intensiver mit den Anforderungen der DSGVO auseinandersetzen.

→ Einmal erteilte Einwilligungen in die Veröffentlichung von Fotos wären – anders als nach dem KUG – jederzeit widerrufbar und Fotografierte könnten jederzeit die Löschung verlangen.

→ Auch wenn der Fotograf sich auf ein überwiegendes berechtigtes Interesse beruft, hätte die Person möglicherweise ein Widerspruchsrecht gegen die Verarbeitung.

→ Fotografen müssten Fotografierten die nach Art. 13 DSGVO erforderlichen Informationen mitteilen.

→ Fotografierte hätten ein Auskunftsrecht, was genau mit ihren Fotos passiert.

Diese Rechte und Pflichten sind jedoch wiederum mit der journalistischen Arbeit meist nicht vereinbar. Journalisten haben unter anderem die Aufgabe, investigativ zu recherchieren und Menschen auch über Missstände zu informieren – ohne, dass diejenigen, über die berichtet wird, zuvor davon erfahren und diese Arbeit sabotieren könnten. Würden die Datenschutzrechte uneingeschränkt gelten, so könnten diejenigen, über die ein Journalist recherchiert, leicht an interne Informationen herankommen und die Presse ggf. sogar zur Löschung dieser Infos zwingen. Ein Informantenschutz wäre nicht mehr möglich. Und generell dürfte der Journalist nur unter strengen Voraussetzungen mit Fotos über Personen berichten. Die Presse muss aber gerade unabhängig arbeiten. Es besteht also ein Spannungsverhältnis zwischen dem Datenschutz und den Grundrechten der Presse.

Weitere ausführliche Informationen zur DSGVO finden Sie hier:
wbs.law/dsgvo-foto

Dieses Spannungsverhältnis wird jedoch aufgelöst durch eine sogenannte. Öffnungsklausel in Art. 85 DSGVO, wonach die EU-Länder spezielle Vorschriften unter anderem für Journalisten vorsehen dürfen – genannt das „Medienprivileg". Geregelt ist das in Deutschland in den verschiedenen Presse-, Medien- und Datenschutzgesetzen der Bundesländer sowie im Medienstaatsvertrag. Nach dem Medienprivileg müssen Medienunternehmen und Journalisten im Rahmen ihrer journalistischen Tätigkeit (Recherche, Redaktion, Fotografie, Veröffentlichung von Berichten und Fotos, Dokumentation und Archivierung) fast kein Datenschutzrecht beachten – nur die Vorschriften zum Schutz personenbezogener Daten (zum Beispiel vor Hackern oder anderen Dritten) sind für sie relevant.

Wer kann sich auf das Medienprivileg berufen?

Die große Frage ist nun aber: Wer fällt alles unter das Medienprivileg? In jedem Fall alle Fotojournalisten, die in einer Redaktion angestellt sind. Doch was ist mit freien Fotografen, Bloggern oder gar Privatpersonen, die eine zufällig entstandene Aufnahme an die Öffentlichkeit tragen (Bürgerjournalisten)? Diese Frage ist leider weiterhin umstritten und es fehlt an einer höchstrichterlichen Klärung in Deutschland.

Teilweise sah man in den Regelungen der einzelnen Bundesländer im Jahr 2018 Unterschiede, sodass nicht festangestellte Journalisten hier mit unterschiedlichen Bedingungen zu tun hätten: So wurde vertreten, dass die Ländergesetze NRW, Hessen, Thüringen, Saarland, Bayern, Hamburg und Brandenburg auch für freie Journalisten gälten. Besonders Bayern wird als sehr offen hervorgehoben. Eingeschränkt durch eine Einzelfallprüfung solle das Medienprivileg gelten in Bremen, Schleswig-Holstein, Mecklenburg-Vorpommern, Sachsen-Anhalt, Sachsen, Rheinland-Pfalz und Baden-Württemberg. Zunächst schien es, als sei die Lage in Niedersachsen besonders riskant, weil immer der Auftrag einer Redaktion notwendig sei. Die Landesregierung relativierte dies allerdings später in einer Pressemitteilung und sprach davon, dass sich jeder auf das Medienprivileg berufen könne, der eine verstetigte und professionelle Arbeitsstruktur aufweist. Auch nebenberufliche Blogger könnten dazu zählen, Hobbyblogger jedoch nicht.

Tatsächlich aber geben zumindest die Wortlaute der Landesgesetze eine solch differenzierende Sichtweise nicht direkt her. Vielmehr ähneln sich die Gesetze und weichen nur im Detail ab. Bis auf das Saarland sprechen die Gesetze mittlerweile nur noch von einer Ausnahme zu „journalistischen Zwecken" und nutzen nicht mehr den engeren, früheren Begriff „journalistisch-redaktionell". Darüber hinaus ist meist von „Unternehmen bzw. Hilfsunternehmen der Presse" die Rede. Hierzu ist aber weiterhin umstritten, ob darunter auch Freelancer oder nebenberufliche Blogger gefasst werden können.

Wir sind hier – im Einklang mit der herrschenden Meinung unter Juristen – der Ansicht, dass es unabhängig vom Wortlaut der jeweiligen Landesgesetze weder auf die Form der Tätigkeit (also freie Mitarbeit oder Festanstellung) noch auf die Form des Mediums (professionelle Tageszeitung, TV-Nachrichten oder journalistischer Blog bzw. YouTube-Kanal) ankommen kann. Entscheidend für die Anwendbarkeit des Medienprivilegs darf lediglich sein, ob das Foto bzw. der Beitrag im konkreten Fall zu journalistischen Zwecken verwendet wird. Auch ein Foto, das ursprünglich nicht zu journalistischen Zwecken angefertigt wurde, fällt nach unserer Ansicht unter das Medienprivileg, sobald es als Beitrag zur öffentlichen Meinungsbildung genutzt werden soll. Auch wer als freier Journalist unaufgefordert Fotos bzw. Artikel anbietet, wird bereits bei der Recherche, der Herstellung oder dem Einsenden der Inhalte geschützt. Bei einem Blog kann es darüber hinaus auch darauf ankommen, dass mehr oder weniger häufig mit minimaler Nachhaltigkeit Artikel zu meinungsbildenden Themen veröffentlicht werden.

Allerdings wird eben auch eine gegenteilige Ansicht vertreten: Eine Beschränkung auf einen fest in Redaktionen angestellten Personenkreis sei notwendig, weil nur Medienunternehmen, die sich auf den Pressekodex verpflichtet haben, von den DSGVO-Regeln ausgenommen sein sollten. Denn die freiwillige Selbstverpflichtung und Kontrolle durch den Presserat trete hier an die Stelle des staatlich kontrollierten Datenschutzes. Freie Journalisten, Blogger und Bürgerjournalisten könnten sich aber nicht auf den Pressekodex verpflichten. Allerdings zeigen die differenzierten Regelungen in § 23 Medienstaatsvertrag, § 10a Landespressegesetz Sachsen-Anhalt und § 13 Landesmediengesetz Rheinland-Pfalz, dass dieses Argument nicht pauschal gelten kann: Hier finden zwar die Vorschriften über Sanktionen nach der DSGVO keine Anwendung, wenn das Medium sich dem Pressekodex unterworfen hat. Die Nichtanwendbarkeit der meisten anderen DSGVO-Normen aufgrund des Medienprivilegs ist aber explizit nicht auf den im Gegenzug geltenden Pressekodex beschränkt.

Unserer Ansicht nach entspricht nur eine weite Sichtweise auch dem Sinn und Zweck der Pressefreiheit, die in Art. 5 unseres Grundgesetzes geschützt ist. Schließlich müssen elementare Rechte von Journalisten wie zum Beispiel der Informantenschutz auch für freiberufliche Journalisten und Blogger bzw. YouTuber gelten – die Grenzen des Journalismus sind im digitalen Zeitalter sehr aufgeweicht worden, YouTuber wie etwa Rezo (der auch als freier Journalist tätig ist) haben teilweise mehr Einfluss auf die öffentliche Meinungsbildung als die etablierten Medien. Auch der EuGH vertritt eine sehr weite Auffassung des Begriffs „journalistische Zwecke". Diese lägen in jeder Tätigkeit, die es zum Ziel hat, Informationen, Meinungen oder Ideen, mit welchem Übertragungsmittel auch immer, in der Öffentlichkeit zu verbreiten (Urt. v. 16.12.2008, Rs. C-73/07, Az. Satamedia). Außerdem hat der EuGH 2019 den Fall einer „Bürgerjournalistin" entschieden, dass nicht bloß berufsmäßig ausgeübte Tätigkeiten darunter fallen könnten, sondern auch private YouTube-Kanäle. Allerdings seien auch nicht alle über das Internet verbreitete Tätigkeiten erfasst werden. Erfasst würden Tätigkeiten, die bezweckten, Informationen, Meinungen oder Ideen in der Öffentlichkeit zu verbreiten. Eine Entscheidung im Einzelfall obliege aber den nationalen Gerichten (Urt. v. 14.02.2019, Rs. C-345/17). Europarechtlich gelten Privilegierungen der Presse damit aber ganz klar nicht nur für klassische Medienunternehmen, sondern auch für Einzelne, die im jeweiligen Einzelfall journalistisch tätig sind.

Zwar ist es Sache des deutschen Gesetzgebers, zu bestimmen, wie weit das Medienprivileg hierzulande geht, und der deutschen Gerichte, die Gesetze auszulegen. Denn europaweit geltende DSGVO erlaubt den EU-Staaten, Ausnahmen für journalistische Zwecke zu schaffen, zwingt sie aber nicht dazu. Unserer Auffassung nach ist eine EU-rechtskonforme Auslegung auch der deutschen Gesetze aus eben genannten Gründen unabdingbar.

Auch das Bundesverwaltungsgericht hat über die Jahre immer wieder bekräftigt, dass es von einem weiten Journalismusbegriff ausgeht: So hat es zu den Vorgängerregelungen vor Geltung der DSGVO 2015 klargestellt: Der Begriff der Presse ist weit auszulegen. Trotz der engen Formulierung könnten auch selbständige Journalisten, die nicht in redaktionelle Strukturen eingebunden sind, Unternehmen der Presse sein (Urt. v. 29.10.2015, Az. 1 B 32/15). Im Jahr 2019 bekräftigte es diese Auffassung im Hinblick auf die Baden-Württembergische Regelung, die sich ausdrücklich nur auf Unternehmen und Hilfsunternehmen der Presse bezieht, und sagte: Unabhängig von diesem Wortlaut müsse das Presseprivileg für die Presse im verfassungsrechtlichen (weiten) Sinne gelten (Urt. v. 21.03.2019, Az. 7 C 26.17).

Zudem sagte der BGH bereits 2011: „Daten werden dann zu journalistisch-redaktionellen Zwecken verarbeitet, wenn die Zielrichtung in einer Veröffentlichung für einen unbestimmten Personenkreis besteht (...). Es muss die Absicht einer Berichterstattung im Sinne des Art. 5 Abs. 1 Satz 2 GG – worunter auch die Meinungsäußerung fällt." (Urt. v. 01.02.2011, Az. VI ZR 345/09). Auch hier wird deutlich, dass es vor allem auf die Zielrichtung der Tätigkeit und nicht auf deren Institutionalisierung ankommt.

Erfreulicherweise hat Anfang des Jahres 2023 auch das Berliner Kammergericht diese Meinung vertreten: Danach genießt ein bloggender Anwalt, der eine Vielzahl von Texten auf seiner Kanzleihomepage veröffentlicht hat, den Schutz des Medienprivilegs. Voraussetzung für dieses sei nur, dass er solche Informationen an einen unbestimmten Personenkreis veröffentlicht und dies meinungsbildende Wirkung für die Allgemeinheit hat (Beschl. v. 17.02.2023, Az. 10 U 146/22).

Die Rechtsunsicherheit für freie Journalisten, Blogger und „Bürgerjournalisten" hält sich angesichts dieser recht eindeutigen Argumente und Gerichtsentscheidungen daher doch sehr in Grenzen. Sofern sie im Einzelfall zur öffentlichen Meinungsbildung beitragen wollen, sollten sie sich auf das Medienprivileg berufen können.

Pflichten nach der DSGVO, die trotz Medienprivilegierung gelten

Selbst, wenn man sich auf das Medienprivileg berufen kann, müssen gewisse Pflichten nach der DSGVO aber immer beachtet werden. Das bedeutet konkret: Bei der Speicherung, Bearbeitung etc. von Fotos müssen Fotografen immer die Pflicht der notwendigen technisch-organisatorischen Maßnahmen der DSGVO beachten. Das bedeutet, sie müssen alles unternehmen, damit personenbezogene Daten nicht in falsche Hände gelangen. Nach dem gängigen Stand der Technik müssen sie alle gesammelten personenbezogenen Daten vor den Einblicken Dritter, insbesondere auch denen Krimineller, schützen. Doch auch hinsichtlich dieser Vorgaben zum Datengeheimnis und zur Datensicherheit müssen sie sich nicht starr an die Regelungen der DSGVO halten. Denn es ist immer zu berücksichtigen, dass die journalistische Arbeit nicht gefährdet werden darf. Hier muss letztlich jeder Pressevertreter für sich prüfen, was im Einzelfall sinnvoll ist – und sich hier möglicherweise einmal fachlich beraten lassen.

2.2 Erstellung von Personenaufnahmen

Die Erstellung von Fotos, auf denen Personen abgebildet werden, ist immer dann relativ unproblematisch, wenn die Personen mit der Abbildung einverstanden sind. Was ist aber, wenn die Person mit der Abbildung nicht einverstanden ist oder von der Herstellung des Bildes nichts mitbekommen hat?

Wer sich nicht auf das Medienprivileg berufen kann, muss hier nun vollumfänglich die DSGVO mit den oben genannten Besonderheiten beachten. Außerhalb des Geltungsbereichs der DSGVO (wenn also das Medienprivileg gilt) sagt die Rechtsprechung hierzu: Die Herstellung von Personenbildern ohne Einverständnis des Abgebildeten könne grundsätzlich eine Persönlichkeitsrechtsverletzung darstellen. Diese Rechtsprechung soll im Folgenden noch einmal genauer dargestellt werden:

So hat das Kammergericht Berlin in einem Urteil vom 02.03.2007 (Az. 9 U 212/06) entschieden. In dem zugrunde liegenden Sachverhalt hat sich ein Prominenter, der sich erst kürzlich von seiner Ehefrau getrennt hatte, gegen eine Bildberichterstattung gewendet, die den Prominenten an einem Sonntagvormittag zeigt, wie er seine Tochter zu einem Ponyhof begleitet. Der Prominente wurde handgreiflich, als er die Fertigung der Bildaufnahmen von ihm und seiner Tochter mitbekam. Auch diese Handgreiflichkeit wurde von den Reportern bildlich festgehalten. Das Gericht entschied, dass in diesem Fall bereits die Herstellung der Bildaufnahmen einen Eingriff in das allgemeine Persönlichkeitsrecht des Prominenten darstellt und führte hierzu aus:

> *„(...) Bereits das Fertigen der Bildaufnahmen des Klägers in der oben geschilderten privaten Alltagssituation stellte einen Eingriff in das allgemeine Persönlichkeitsrecht des Klägers dar. Die Journalisten haben durch diesen rechtswidrigen Eingriff die Tätlichkeit des Klägers maßgeblich mitverursacht und erst provoziert. Weder war das Verhalten des Klägers als Reaktion auf diesen rechtswidrigen Eingriff noch waren die Folgen der Tätlichkeit des Klägers besonderes schwerwiegend. (...)"*

Zur Begründung führte das Kammergericht Berlin unter anderem an, dass schon das Wissen um die Fertigung von unerwünschten Bildnissen bei dem Betroffenen eine Unsicherheit verursache, die regelmäßig die Unbefangenheit in privaten Situationen des Alltags erheblich beeinträchtige.

> *„(...) Auch die bloße Fertigung von Bildnissen kann zu einem Verstoß gegen das allgemeine Persönlichkeitsrecht führen. So bewirkt bereits die Anfertigung von Fotoaufnahmen eine bestimmte Herrschaft über persönliche Belange und kann durch die Verabsolutierung eines aus einem Handlungsverlauf herausgerissenen Momentes eine Überzeichnung oder Verzeichnung zur Folge haben, was gerade durch den vorliegenden Fall bestätigt wird. Schon das Wissen um die Fertigung von unerwünschten Bildnissen, schafft beim Betroffenen eine Unsicherheit, die regelmäßig die Unbefangenheit in privaten Situationen des Alltags erheblich beeinträchtigt,*

> *abgesehen davon, dass es zudem belastend ist, nicht zu wissen, was mit den gefertigten Bildnissen geschieht. Ob und in welchem Umfang schon das bloße Herstellen von Bildnissen zu einer Verletzung des Persönlichkeitsrechts führt, kann allerdings – wegen der Eigenart des Persönlichkeitsrechts als eines Rahmenrechts – wiederum nur unter Würdigung aller Umstände des Einzelfalls und durch Vornahme einer Güter- und Interessenabwägung ermittelt werden. (…)"*

Grundsätzlich könnte man meinen, dass die Herstellung eines Personenbildes stets zulässig ist und erst die tatsächliche Veröffentlichung des Bildes unter bestimmten Umständen zu einer Verletzung des allgemeinen Persönlichkeitsrechts führen kann. Man könnte weiter argumentieren, dass ein Bild der abgebildeten Person keinen Schaden zufügen kann, wenn es nicht veröffentlicht wird. Doch dem ist nicht so. Schließlich können Bilder, die nicht veröffentlicht werden, gestohlen oder manipuliert werden. Das heißt, dass die unzulässige Herstellung eines Bildes bereits die Grundlage für eine - wenn auch nur hypothetische - Persönlichkeitsverletzung bildet. Denn durch die Herstellung eines unerwünschten Bildes verliert die abgebildete Person die Kontrolle über dessen Aus- und Verwertung. Das Bundesverfassungsgericht (BVerfG) hat bereits in einem Urteil vom 15.12.1999 (Az. 1 BvR 653/96) in diesem Zusammenhang von einer „datenmäßigen Fixierung" gesprochen.

> *(…) Das Recht am eigenen Bild gewährleistet dem Einzelnen Einfluss- und Entscheidungsmöglichkeiten, soweit es um die Anfertigung und Verwendung von Fotografien oder Aufzeichnungen seiner Person durch andere geht. Ob diese den Einzelnen in privaten oder öffentlichen Zusammenhängen zeigen, spielt dabei grundsätzlich keine Rolle. Das Schutzbedürfnis ergibt sich vielmehr - ähnlich wie beim Recht am eigenen Wort, in dessen Gefolge das Recht am eigenen Bild Eingang in die Verfassungsrechtsprechung gefunden hat - vor allem aus der Möglichkeit, das Erscheinungsbild eines Menschen in einer bestimmten Situation von diesem abzulösen, datenmäßig zu fixieren und jederzeit vor einem unüberschaubaren Personenkreis zu reproduzieren. Diese Möglichkeit ist durch den Fortschritt der Aufnahmetechnik, der Abbildungen auch aus weiter Entfernung, jüngst sogar aus Satellitendistanz, und unter schlechten Lichtverhältnissen erlaubt, noch weiter gewachsen. (…)"*

Allerdings ist das Fertigen von Personenaufnahmen ohne Einwilligung nicht immer unzulässig. In seinem Beschluss vom 24.07.2015 (Az. I BvR 2501/13) entschied das Bundesverfassungsgericht, dass bei dem Fertigen von Bildaufnahmen von Polizeiaufnahmen durch Versammlungsteilnehmer nicht ohne weiteres ein Verstoß gegen § 22 S. 1 KUGUG angenommen werden kann. Immerhin könnten die Aufnahmen zur Beweissicherung bezüglich etwaiger Rechtsstreitigkeiten angefertigt worden sein.

Zudem genießt das allgemeine Persönlichkeitsrecht keinen absoluten Vorrang vor der Pressefreiheit. Vielmehr ist jeder Einzelfall erneut zu prüfen und eine Abwägung der sich widerstreitenden Interessen vorzunehmen. Auf diese Abwägung wird im Folgenden näher bei der rechtlichen Betrachtung der Veröffentlichung von Personenbildern eingegangen.

2.3 Veröffentlichung von Personenfotos

Auch bei der Veröffentlichung von Personenfotos ist Vorsicht geboten. Selbst wenn ein Personenbild erstellt werden durfte, kann dessen Veröffentlichung das allgemeine Persönlichkeitsrecht der abgebildeten Person verletzen. So ist es denkbar, dass die Person in einem anderen Kontext dargestellt wird, und diese Art der Darstellung erst eine Rechtsverletzung herbeiführt.

Bei der Veröffentlichung von Personenbildern sind – außerhalb des Geltungsbereichs der DSGVO – die §§ 22 und 23 des Gesetzes betreffend das Urheberrecht an Werken der bildenden Künste und der Photographie (KUG) zu beachten. Zum Verhältnis zwischen DSGVO und KUG gilt konkret folgende Rechtsprechung: Der Bundesgerichtshof (BGH) hat inzwischen mehrfach höchstrichterlich entschieden, dass das KUG im Rahmen des Medienprivilegs weiterhin anwendbar ist (zum Beispiel Beschl. v. 16.02.2021, Az. VI ZA 6/20).

Wer hingegen nicht journalistisch tätig ist, muss sich grundsätzlich an die Vorschriften der DSGVO halten. Was genau das bedeutet, ist nicht klar – denn bislang fehlt es an einer höchstrichterlichen Entscheidung. Allerdings geht unter anderem das Landgericht Frankfurt davon aus, dass die Grundsätze der §§ 22, 23 KUG mit Blick auf Art. 6 Abs. 1 lit. f) DSGVO weiter anwendbar sind (Urt. v. 26.09.2019, Az. 2-03 O 402/18). Das bedeutet im Ergebnis, dass die im Rahmen des KUG entwickelte Rechtsprechung weiterhin im Rahmen der Interessenabwägung nach Art. 6 Abs. 1 lit. f) DSGVO berücksichtigt werden wird. Dieser Ansicht ist zuzustimmen, ist es doch die einzig praktikable Lösung; zudem bietet die DSGVO im Rahmen der Interessenabwägung diese Möglichkeit. Daher werden im Hinblick auf die Zulässigkeit der Veröffentlichung von Fotos im Folgenden weiterhin nur die Grundsätze der Rechtsprechung zum KUG dargestellt, die sodann im Rahmen der DSGVO inhaltlich übertragbar sind. Die Abweichungen, die sich daraus ergeben, werden hier an passender Stelle dargestellt.

Nach § 22 KUG ist die Verbreitung oder öffentliche Zurschaustellung grundsätzlich nur zulässig, wenn die abgebildete Person hierzu eingewilligt hat. Der Gesetzeswortlaut des § 22 KUG lautet wie folgt:

> *„Bildnisse dürfen nur mit Einwilligung des Abgebildeten verbreitet oder öffentlich zur Schau gestellt werden. Die Einwilligung gilt im Zweifel als erteilt, wenn der Abgebildete dafür, daß er sich abbilden ließ, eine Entlohnung erhielt. Nach dem Tode des Abgebildeten bedarf es bis zum Ablaufe von 10 Jahren der Einwilligung der Angehörigen des Abgebildeten. Angehörige im Sinne dieses Gesetzes sind der überlebende Ehegatte oder Lebenspartner und die Kinder des Abgebildeten und, wenn weder ein Ehegatte oder Lebenspartner noch Kinder vorhanden sind, die Eltern des Abgebildeten.“*

§ 22 KUG regelt das Recht am eigenen Bild als besondere Ausprägung des allgemeinen Persönlichkeitsrechts. Hierdurch soll die Selbstbestimmung des Einzelnen gewahrt bleiben, ob Bilder von seiner Person hergestellt und veröffentlicht werden oder nicht. Der Abgebildete soll nicht einem Kontrollverlust ausgesetzt werden, indem andere Personen über die Verbreitung und öffentliche Zurschaustellung eines Bildes entscheiden können.

Im Folgenden sollen die Voraussetzungen von § 22 KUG für ein Einwilligungserfordernis des Abgebildeten genauer betrachtet werden.

Wann liegt eine Verbreitung oder öffentliche Zurschaustellung vor?

Eine Verbreitung eines Bildnisses liegt immer dann vor, wenn dieses in körperlicher Form auf einem Träger wie Zeitschriften, Werbeplakaten, Büchern etc. wiedergegeben wird. Auf eine kommerzielle Nutzung kommt es bei der Verbreitung nicht an. Daher ist es unerheblich, ob die Verbreitung des Bildnisses entgeltlich erfolgt oder es im Freundeskreis verschenkt wird.

Unter einer öffentlichen Zurschaustellung ist grundsätzlich jede Wiedergabe eines Bildnisses zu verstehen, die von Dritten wahrgenommen werden kann. Das Kriterium der Öffentlichkeit findet sich auch in § 15 Abs. 3 UrhG. Demnach handelt es sich um eine öffentliche Wiedergabe, wenn diese für eine Mehrzahl von Mitgliedern der Öffentlichkeit bestimmt ist. Weiter erläutert § 15 Abs. 3 UrhG, wer zur Öffentlichkeit gehört:

„(...) Zur Öffentlichkeit gehört jeder, der nicht mit demjenigen, der das Werk verwertet, oder mit den anderen Personen, denen das Werk in unkörperlicher Form wahrnehmbar oder zugänglich gemacht wird, durch persönliche Beziehungen verbunden ist. (...)"

Nach Ansicht des Landgericht Oldenburg (Urt. v. 21.04.1988, Az. 5 S 1656/87) kann eine öffentliche Zurschaustellung eines Bildnisses schon dann vorliegen, wenn Bilder den Arbeitskollegen gezeigt werden. Das Gericht führte hierzu aus:

„(...) Der Beklage hat selbst zugegeben, die streitigen Bilder seinen Arbeitskollegen gezeigt zu haben. Hierin liegt ein „öffentliches Zurschaustellen" im Sinne von § 22 KUG. Denn dazu ist nicht erforderlich, daß die Zurschaustellung an einem öffentlichen Ort oder dergestalt erfolgt, daß eine unbeschränkte Anzahl von Personen der Anblick gleichzeitig dargeboten wird. Vielmehr ist für den Öffentlichkeitsbegriff § 15 Abs. 3 UrhG maßgeblich. Danach ist die Wiedergabe eines Werkes öffentlich, wenn sie für eine Mehrzahl von Personen bestimmt ist, es sei denn, daß der Kreis dieser Personen bestimmt abgegrenzt ist und sie durch gegenseitige Beziehungen oder durch Beziehung zum Veranstalter persönlich untereinander verbunden sind.

> *Da nicht ersichtlich und von dem Beklagten auch nicht dargelegt worden ist, daß der Kreis der Arbeitskollegen, dem er die streitigen Bilder gezeigt hat, abgegrenzt war, und auch nicht ersichtlich ist, daß die Arbeitskollegen des Beklagten alle untereinander persönlich verbunden sind, liegt schon in dem vom Beklagten zugegebenen Herumzeigen der streitigen Bilder bei Arbeitskollegen eine „öffentliche Zurschaustellung" im Sinne von § 22 KUG. (…)"*

Was ist ein Bildnis?

Ein Bildnis im Sinne des § 22 KUG ist grundsätzlich jede bildliche Darstellung einer Person in ihrer äußeren Erscheinungsform. Hierbei muss es sich nicht um eine Abbildung der Person auf einem Porträtfoto handeln. Ebenso kommt es nicht darauf an, ob eine oder mehrere Personen auf dem Bildnis abgebildet werden. Bei einem Bildnis kommt es ferner auch nicht auf die Art der Abbildung, also als Zeichnung, Totenmaske, Foto- oder Filmaufnahme an. Bildnisse in diesem Sinne können auch in Form einer Karikatur, Comicfigur, Puppe, Figur aus einem Computerspiel, Münzprägung oder Skulptur vorliegen.

Entscheidendes Kriterium für die Beurteilung, ob die Darstellung einer Person ein Bildnis nach § 22 KUG ist, ist die Erkennbarkeit. Zu fragen ist also, ob anhand der Abbildung einer Person deren Identität ausgemacht werden kann. Denn ist der Abgebildete anhand der Darstellung nicht zu erkennen, kann keine Rechtsverletzung geltend gemacht werden.

Für die Erkennbarkeit einer Person ist es dagegen nicht notwendig, dass seine Gesichtszüge abgebildet werden. Vielmehr kann eine Person auch aufgrund ihrer Haltung, Figur, auffälligen Frisur oder durch eine bestimmte, für die Person typische Pose erkannt werden. So könnte man Karl Lagerfeld anhand seiner Frisur, Figur und den typischen Kleidungsmerkmalen auf einem Bild auch erkennen, wenn sein Gesicht zum Beispiel durch einen schwarzen Balken weitestgehend unkenntlich gemacht wurde.

Auch das Oberlandesgericht Frankfurt hat in einem Urteil vom 26.07.2005 (Az. 11 U 13/03) entschieden, dass die Verwendung eines sogenannten Augenbalkens nicht ausreicht, um die Erkennbarkeit einer Person auf einer Abbildung auszuschließen. In dem zugrunde liegenden Sachverhalt hatte sich die Klägerin gegen eine Berichterstattung in einer Zeitschrift gewehrt, in der sie zwar nicht namentlich genannt und ein Augenbalken verwendet wurde. Dennoch entschied das Gericht, dass auch jemand, dessen Name nicht genannt wird, erkennbar ist, wenn er durch andere Umstände von einem Teil des Adressatenkreises identifiziert werden kann. So führten die Richter an, dass die Klägerin anhand des Bildes und der dazu gehörigen Berichterstattung zu identifizieren sei.

> *„(…) Ohne Erfolg macht die Beklagte geltend, die Klägerin sei in dem Artikel nicht erkennbar. Zwar wird der Name der Klägerin in dem Artikel nicht genannt.*

> *Aber auch jemand, dessen Name nicht genannt wird, ist erkennbar, wenn er durch andere Umstände von einem Teil des Adressatenkreises, etwa in seiner näheren persönlichen Umgebung, identifiziert werden kann. Im vorliegenden Zusammenhang ergibt sich die Erkennbarkeit schon daraus, dass neben dem inkriminierten Text ein Bild der Klägerin veröffentlicht wurde. Zwar ist das Gesicht der Klägerin auf diesem Foto mit einem Augenbalken überdeckt. Dies schließt indessen nicht aus, dass Personen in ihrem näheren Umfeld die Klägerin anhand des Bildes und der Berichterstattung identifizieren, da trotz des Augenbalkens nicht nur der Kopf, die Frisur und ein Teil des Gesichts, sondern auch der Körper vollständig erkennbar sind, was die Identifizierung ohne weiteres erlaubt. (…)"*

Weiter erklärte das Oberlandesgericht Frankfurt, dass es für die Erkennbarkeit ausreiche, wenn über die Person in anderen Medien in identifizierender Weise berichtet wurde.

> *„(…)Dem Senat ist darüber hinaus aus mehreren Parallelverfahren bekannt, dass über die Klägerin in zahlreichen - auch von der Beklagten verlegten - Zeitschriften in identifizierender Weise berichtet worden war. Für die Erkennbarkeit reicht es aus, dass über den Betroffenen in anderen Medien berichtet wurde, so dass der Leser, der auch die anderen Artikel gelesen hat, weiß, um wen es geht. (…)"*

Im Rahmen der Erkennbarkeit einer Person kommt es nicht darauf an, ob diese von jeder anderen Person oder einem bestimmten Adressatenkreis identifiziert werden kann. Vielmehr soll es nach Ansicht des BGH schon ausreichen, wenn der Abgebildete aus begründetem Anlass annehmen kann, dass er erkannt werden könnte. Allerdings hat der Abgebildete die Erkennbarkeit im Zweifel zu beweisen.

Dies führte der BGH auch weiter in seinem Urteil vom 29.09.2020 (Az. VI ZR 445/19) aus:

> *„Ebenso wenig wird verlangt, dass schon der nur flüchtige Betrachter den Abgebildeten auf dem Bild erkennen kann; es genügt die Erkennbarkeit durch einen mehr oder minder großen Bekanntenkreis. Entscheidend ist der Zweck des § 22 KUG, die Persönlichkeit davor zu schützen, gegen ihren Willen in Gestalt der Abbildung für andere verfügbar zu werden. Der besondere Rang des Anspruchs darauf, dass die Öffentlichkeit die Eigensphäre der Persönlichkeit und ihr Bedürfnis nach Anonymität respektiert, verlangt eine Einbeziehung auch solcher Fallgestaltungen in den Schutz dieser Vorschrift.*
>
> *Davon ausgehend ist die Würdigung, es handle sich um Bildnisse der Klägerin, weil diese jedenfalls die begründete Befürchtung haben konnte, von ihren Freunden und Bekannten in Kombination beider Fotografien anhand ihrer Körperform und -haltung, Frisur und Gesichtsform erkannt zu werden, zutreffend."*

Wann liegt eine Einwilligung des Abgebildeten vor?

§ 22 KUG schreibt vor, dass eine Verbreitung und öffentliche Zurschaustellung eines Bildnisses nur mit der Einwilligung des Abgebildeten zulässig sind. Unter einer Einwilligung in diesem Sinne ist eine vorherige Zustimmung des Betroffenen zu verstehen, mit der dieser sich mit der Veröffentlichung und Zurschaustellung seines Bildnisses einverstanden erklärt. Für die Veröffentlichung von Bildnissen eines Minderjährigen ist eine Einwilligung des gesetzlichen Vertreters erforderlich. Bei beschränkt Geschäftsfähigen mit gewisser Einsichtsfähigkeit, welche grundsätzlich ab dem Alter von 14 Jahren angenommen wird, ist neben der Einwilligung des gesetzlichen Vertreters auch dessen eigene Einwilligung erforderlich. Zu beachten ist, dass, wenn die Nutzung kommerzieller Natur ist, regelmäßig beide Elternteile einwilligen müssen. Dies ist mit der Logik des § 1687 Abs.1 BGB zu begründen, nachdem beide Eltern einwilligen müssen, wenn es um Regelungen geht, die für das Kind von erheblicher Bedeutung sind.

Bei Bildern mit Kindern ist die Genehmigung zur Veröffentlichung von den Eltern einzuholen.
Ein Hund allein wäre problemlos, wenn er nicht auf einem Privatgrundstück fotografiert wurde.

Die Einwilligung kann entweder ausdrücklich oder stillschweigend erteilt werden. Probleme ergeben sich häufig im Zusammenhang mit einer stillschweigenden Einwilligung. Für die Annahme einer stillschweigenden Einwilligung ist es notwendig, dass sich aus dem Verhalten des Betroffenen eindeutig ergibt, dass dieser mit der Verbreitung und öffentlichen Zurschaustellung seines Bildnisses einverstanden ist. Eine solche stillschweigende Einwilligung zur Veröffentlichung kann zum Beispiel angenommen werden, wenn ein Betroffener ein Interview gibt, das für einen Fernsehbeitrag aufgenommen wird. In diesem Fall geht man davon aus, dass dem Betroffenen der Zweck der Aufnahme klar ist.

Das Landgericht Bielefeld hat in einem Urteil vom 18.09.2007 (Az. 6 O 320/07) entschieden, dass eine stillschweigende Einwilligung zur Veröffentlichung und Verbreitung von Filmaufnahmen vorliegt, da die Betroffene aktiv an den Dreharbeiten mitgewirkt hatte und zuvor über deren Zweck und die geplante Verbreitung der Filmaufnahmen informiert wurde. In dem zugrunde liegenden Sachverhalt ging es um Filmaufnahmen für das Fernsehformat „Die Super Nanny". Die Mutter der Verfügungsklägerin hatte sich schriftlich mit den Dreharbeiten und der anschließenden Verwendung des Filmmaterials zur Veröffentlichung einverstanden erklärt. Diese sogenannte. Mitwirkungsvereinbarung schloss die Mutter ausdrücklich für sich und ihre zum damaligen Zeitpunkt 15-jährige Tochter. Zusätzlich erklärte sich auch die minderjährige Tochter zur Mitwirkung bereit und mit der anschließenden Verwendung des Fernsehmaterials einverstanden. Kurz vor dem Ausstrahlungstermin versuchte die Tochter die Einwilligung zurückzuziehen. Das Landesgericht Bielefeld verneinte einen Unterlassungsanspruch der Tochter, da diese bis zum Ende an den Filmaufnahmen mitgewirkt habe und sich daraus eine stillschweigende Einwilligung ergebe. Weiter führte das Gericht aus:

> „(...) Gemäß § 22 S. 1 KUG dürfen Bildnisse grundsätzlich nur mit Einwilligung des Abgebildeten verbreitet oder öffentlich zur Schau gestellt werden. Eine derartige Einwilligung liegt hier vor. (...) Darüber hinaus hat auch die Verfügungskl. selbst in die Herstellung und Verbreitung der filmischen Aufnahmen eingewilligt. Die mündlich erteilte Einwilligung bestand auch bis zum Ende der Filmaufnahmen. Bis zu diesem Zeitpunkt hätte die Verfügungskl. ihre Mitwirkung an den Filmaufnahmen im Hinblick auf ihr Persönlichkeits- und Selbstbestimmungsrecht jederzeit beenden und damit zum Ausdruck bringen können, dass sie mit den Filmaufnahmen sowie der anschließenden Sendung nicht einverstanden sei. (...) Tatsächlich hat die Verfügungskl. aber bis zum Ende der Filmaufnahmen mitgewirkt. Daraus ergibt sich eine zumindest stillschweigende Einwilligung. Eine derartige Einwilligung kann angenommen werden, wenn der Betroffene ein Verhalten an den Tag gelegt hat, das für den objektiven Erklärungsempfänger als Einwilligung verstanden werden konnte. Vorliegend konnte die Verfügungsbekl. die Mitwirkung der Verfügungskl. an den Dreharbeiten aus objektivierter Sicht nach Treu und Glauben nur als Einwilligung verstehen. Die Verfügungskl. hat aktiv an den Dreharbeiten mitgewirkt, wie die Kammer durch Einsicht in die im Termin vom 18.9.2007 vorgespielte DVD-Kopie festgestellt hat. (...)"

Bei einer Überrumpelung hingegen kann dies anders beurteilt werden. Wenn der Betroffene derart überrumpelt wird, dass ihm Zweck, Art und Umfang der geplanten Sendung nicht bekannt sind, kann keine stillschweigende Einwilligung in die Filmaufnahmen angenommen werden. Auch wenn der Betroffene wahrgenommen hat, dass Filmaufnahmen angefertigt werden, reicht dies allein für die Einwilligung nicht aus, was auch das Kammergericht Berlin in einem Beschluss bestätigte (Beschl. v. 19.12.2017, Az. 10 W 163/17).

Doch auch wenn eine stillschweigende Einwilligung vorliegt, kann das Bildnis nicht für jegliche Art der Verbreitung und öffentlichen Zurschaustellung verwendet werden. Nimmt jemand zum Beispiel an einer Fernsehumfrage teil, dann gilt die stillschweigende Einwilligung nicht für eine spätere Verwendung des Bildbeitrags zu Werbezwecken. Die stillschweigende Einwilligung bezieht sich also immer nur auf die Art der Veröffentlichung, zu deren Zweck die Aufnahmen erstellt wurden. Ob eine Beschränkung in zeitlicher, räumlicher oder inhaltlicher Hinsicht vorliegt, ist nach der Rechtsprechung durch Auslegung nach den Umständen des Einzelfalls zu ermitteln. Wenn beispielsweise im Rahmen einer Liebesbeziehung intime Bildaufnahmen gefertigt wurden, ist in der Regel die Einwilligung in die Anfertigung und Verwendung der Aufnahmen nur auf die Dauer der Beziehung beschränkt (vgl. BGH, Urt. v. 13.10.2015, Az.VI ZR 271/14). Dieser Grundsatz gilt auch für ausdrücklich erteilte Einwilligungen, die keine inhaltliche Begrenzung aufweisen.

Zwar kann die Einwilligung auch mündlich erteilt werden, jedoch ist eine schriftliche Fixierung aus Gründen der Beweissicherheit immer zu empfehlen. Insbesondere ist es sinnvoll den Umfang der Verwendung des Bildnisses detailliert zu regeln. So kann die Einwilligung sachliche oder zeitliche Beschränkungen enthalten.

Das Gesetz sieht in § 22 S. 2 KUG eine Vermutung der Einwilligung vor, wenn der Abgebildete eine Entlohnung für die Abbildung seiner Person erhalten hat.

> „Die Einwilligung gilt im Zweifel als erteilt, wenn der Abgebildete dafür, daß er sich abbilden ließ, eine Entlohnung erhielt."

Doch auch in Fällen in denen die Vermutung nach § 22 S. 2 KUG greift und eine stillschweigende Einwilligung angenommen wird, sind die Grenzen der Einwilligung zu beachten und eine Verwertung darüber hinaus ist unzulässig. So hat das Landgericht München I in einem Urteil vom 19.05.2005 (Az. 7 O 22025/04) zur Vermutung der Einwilligung bei Entlohnung ausgeführt:

> „(...) Auch die Auslegungsregel des § 22 Satz 2 KUG, wonach die Einwilligung im Zweifel als erteilt gilt, wenn der Abgebildete dafür, dass er sich abbilden ließ, eine Entlohnung erhalten hat, entbindet nicht von der Prüfung, in welchem Umfang von einer Einwilligung in die Verbreitung und Zurschaustellung der Abbildungen ausgegangen werden kann. (...) Denn eine Vermutung, dass mit der Zahlung

> *eines Modell-Honorars, unabhängig von dessen Höhe, jedwede Nutzung der*
> *Fotografien in zeitlicher, räumlicher und gegenständlicher Hinsicht abgegolten*
> *ist, ist nicht anzuerkennen. Vielmehr ist, wenn der Umfang der Einwilligung*
> *in sachlicher, räumlicher und/oder zeitlicher Hinsicht umstritten ist, unter*
> *Heranziehung des Zweckübertragungsgedankens zu ermitteln, welche Nutzung*
> *von der Einwilligung gedeckt ist, wobei die erteilte Einwilligung im Zweifel nur*
> *diejenige Verwendung der Abbildungen abdeckt, die der Einwilligungsempfänger*
> *zur Erfüllung des mit dem zu Grunde liegenden Vertrag verfolgten Zwecks*
> *unbedingt benötigt. (...)"*

Sind die Verbreitung und öffentliche Zurschaustellung eines bereits Verstorbenen beabsichtigt, so sieht § 22 S. 3 KUG vor, dass es hierzu der Einwilligung der Angehörigen des Abgebildeten bedarf. Das Erfordernis einer Einwilligung gilt bis zum Ablauf von 10 Jahren nach dem Tod des Abgebildeten.

Ist ein Widerruf der Einwilligung möglich?

Bedeutend ist in der Praxis vor allem die Frage, ob eine einmal erteilte Einwilligung widerrufen werden kann. So können sich die Lebensumstände wesentlich verändert haben und eine Veröffentlichung von Bildern nicht mehr erwünscht sein. Dagegen ist der Verwerter von Aufnahmen an einer gewissen Rechtssicherheit interessiert. Daher kann eine erteilte Einwilligung grundsätzlich nicht widerrufen werden (anders als im Rahmen der DSGVO, hier ist eine einmal erteilte Einwilligung jederzeit widerruflich).

Nur unter besonderen Umständen wird ein Widerruf der Einwilligung möglich. Allerdings sind sich Rechtsprechung und Literatur nicht einig, wann ein wichtiger Grund vorliegt, der den Widerruf einer Einwilligung rechtfertigt. So wird als wichtiger Grund teilweise ein Wandel der persönlichen Einstellung oder Lebensumstände angesehen, in deren Folge zum Beispiel die erneute Veröffentlichung von Nacktaufnahmen unverhältnismäßig in das Persönlichkeitsrecht des Abgebildeten eingreifen würde.

Ist der Abgebildete mit den Aufnahmen nicht zufrieden, obwohl diese im Rahmen des Herstellungszwecks liegen, ist ein wichtiger Grund zum Widerruf der Einwilligung nicht gegeben. Ebenso liegt kein wichtiger Grund vor, wenn ein gegebenes Interview nach Ansicht des Interviewten misslungen ist. Insofern ist eine Interessenabwägung vorzunehmen, bei der das Persönlichkeitsrecht des Abgebildeten vor dem Hintergrund der gewandelten Umstände und das Verwertungsinteresse des Verwerters berücksichtigt werden.

Liegt ein wichtiger Grund für den Widerruf der Einwilligung vor, kann der Betroffene zur Zahlung eines Aufwendungs- oder Schadensersatzes herangezogen werden.

Ausnahmen vom Einwilligungserfordernis

Das Gesetz macht in § 23 KUG zugunsten der Pressefreiheit und der damit verbundenen Bildberichterstattung Ausnahmen von dem Einwilligungserfordernis nach § 22 KUG und schränkt somit das Recht am eigenen Bild ein. Demnach dürfen

- Bildnisse aus dem Bereich der Zeitgeschichte,
- Bilder, auf denen die Personen nur als Beiwerk neben einer Landschaft oder sonstigen Örtlichkeiten erscheinen,
- Bilder von Versammlungen, Festzügen und ähnlichen Vorgängen, an denen die dargestellten Personen teilgenommen haben und
- Bildnisse, die nicht auf Bestellung angefertigt wurden, sofern die Verbreitung oder Schaustellung einem höheren Interesse der Kunst dient

ohne Zustimmung des Abgebildeten veröffentlicht werden.

![Bei dieser Taufe am Jordan in Israel sind die Personen Beiwerk.](image)

Bei dieser Taufe am Jordan in Israel sind die Personen Beiwerk.

Straßenszene in Venedig nahe der Rialtobrücke.
Hier sind die Personen Beiwerk und können fotografiert werden.

Bildnisse der Zeitgeschichte

Die in der Praxis der Bildberichterstattung wohl wichtigste Ausnahme ist die Möglichkeit, Bildnisse aus dem Bereich der Zeitgeschichte ohne Einwilligung des Betroffenen zu veröffentlichen.

Doch wann liegt ein Bildnis der Zeitgeschichte vor? Der Begriff der Zeitgeschichte wird weit gefasst. Hierunter fällt die Berichterstattung über Geschehnisse oder Personen aus den Bereichen des politischen, kulturellen, sozialen und wirtschaftlichen Lebens, an denen die Öffentlichkeit ein Informationsinteresse hat. Allerdings umfasst der Begriff der Zeitgeschichte nicht nur aktuelle Geschehnisse aus den Nachrichten, sondern auch historische Ereignisse.

Grundsätzlich können die Medien nach ihren eigenen publizistischen Kriterien entscheiden, ob ein öffentliches Interesse vorliegt. Dies ist vom Kern der Presse- und Meinungsfreiheit geschützt. Ebenfalls ist die Art und Weise der Berichterstattung geschützt. Den Medien steht es daher frei, ob und wie sie ihre Textberichte durch Bilder illustrieren. Auch unterhaltende Beiträge wie Privat- und Alltagsleben Prominenter können darunter erfasst sein, ohne dass dies vom Niveau des Beitrags abhängt. Gerade prominente Personen können der Allgemeinheit Möglichkeiten der Orientierung bei eigenen Lebensentwürfen bieten sowie Leitbild- und Kontrastfunktionen erfüllen. Auch Aspekte aus ihrem Privatleben wie beispielsweise die Normalität ihres Alltagslebens können der Meinungsbildung zu Fragen von allgemeinem Interesse dienen. Dieses Informationsinteresse besteht aber nicht schrankenlos. Nach dem Verhältnismäßigkeitsgrundsatz ist schon bei der Beurteilung, ob ein Bildnis aus dem Bereich der Zeitgeschichte vorliegt, eine Abwägung zwischen den Rechten der abgebildeten Person und der Rechte der Presse vorzunehmen.

Bei der Abwägung ist maßgeblich, ob eine Bildberichterstattung einem tatsächlichen Informationsinteresse oder lediglich der Sensationslust der Öffentlichkeit dient. Es kommt dabei nicht darauf an, ob die abgebildete Person einen hohen Bekanntheitswert hat oder nicht. Allein ein hoher Bekanntheitsgrad legitimiert nicht jeglichen Inhalt einer Bildberichterstattung. Vielmehr kommt es auf den Informationsgehalt eines Geschehnisses an. So hat das BVerfG in einem Urteil vom 26.04.2001 (Az. 1 BvR 758/97) ausgeführt:

„(...) Als abkürzende Ausdrucksweise für Personen verstanden, die unabhängig von einem bestimmten zeitgeschichtlichen Ereignis aufgrund ihres Status oder ihrer Bedeutung allgemein öffentliche Aufmerksamkeit finden und deren Bildnis die Öffentlichkeit deshalb um der dargestellten Person willen der Beachtung wert findet, ist seine Benutzung verfassungsrechtlich im Grundsatz unbedenklich, aber im Einzelfall nur tragfähig, sofern die Abwägung zwischen dem Informationsinteresse der Öffentlichkeit und den berechtigten Interessen des Abgebildeten bei der Rechtsanwendung nicht unterbleibt. (...)"

Die Rechtsprechung zu § 23 Abs. 1 Nr. 1 KUG wurde maßgeblich durch das „Caroline-Urteil" des Europäischen Gerichtshofes für Menschenrechte (EGMR) vom 24.06.2004 (Az. 59320/00) beeinflusst. Zuvor hat die Rechtsprechung durchgängig eine Unterscheidung danach vorgenommen, ob der Betroffene eine „absolute" oder „relative" Person der Zeitgeschichte ist. Mit der Konsequenz, dass die Gerichte bei absoluten Personen der Zeitgeschichte ein gesteigertes Informationsinteresse der Öffentlichkeit angenommen und somit auch die Veröffentlichung von Bildaufnahmen von Alltagssituationen als zulässig erachtet haben. Die Zulässigkeit der Veröffentlichung von Bildnissen relativer Personen der Zeitgeschichte ohne deren Zustimmung ergibt sich aus der Beteiligung der Person an einem Vorgang von zeitgeschichtlicher Bedeutung. Hierunter fallen zum Beispiel Zeugen oder Beteiligte an Unfällen, Gerichtsverhandlungen oder Naturkatastrophen. Der EGMR entschied in seinem Urteil, dass die von der deutschen Rechtsprechung vorgenommene Unterscheidung in absolute und relative Personen der Zeitgeschichte für einen Schutz der Privatsphäre – in diesem Fall der Privatsphäre von Caroline von Monaco – nicht ausreiche. Hierzu führte der EGMR aus:

„(...) Der Gerichtshof kann der Auslegung des § § 23 I Nr. 1 KUG durch die deutschen Gerichte mit ihrem Begriff der „absoluten" Person der Zeitgeschichte nur schwer folgen. Eine solche Einordnung mit ihrem sehr beschränkten Schutz des Privatlebens und des Rechts am eigenen Bild als Folge mag für Personen des politischen Lebens in Frage kommen, die amtliche Funktionen wahrnehmen. Für eine Privatperson aber wie die Bf., bei der das Interesse des breiten Publikums und der Presse einzig auf ihrer Zugehörigkeit zu einem regierenden Haus beruht, während sie selbst keine amtlichen Funktionen hat, lässt sich eine solche Einordnung nicht rechtfertigen. Jedenfalls ist unter diesen Voraussetzungen eine einschränkende Auslegung des Kunsturhebergesetzes erforderlich, damit der Staat seiner positiven Verpflichtung zum Schutz des Privatlebens und des Rechts am eigenen Bild, wie sie sich aus der Konvention ergibt, nachkommt. (...)

Die im vorliegenden Fall von den deutschen Gerichten angewandten Kriterien reichten daher nicht aus, das Privatleben der Betroffenen. wirksam zu schützen. Als „absolute" Person der Zeitgeschichte kann sie - wegen der Pressefreiheit und des Interesses der Öffentlichkeit - Schutz ihres Privatlebens nur in Anspruch nehmen, wenn sie sich in örtlicher Abgeschiedenheit befindet, unter Ausschluss der Öffentlichkeit, und wenn es ihr außerdem gelingt, dies zu beweisen, was schwierig sein kann. Fehlt es daran, muss sie es hinnehmen, dass man sie fast zu jeder Zeit systematisch fotografiert und die Aufnahmen anschließend weiterverbreitet, selbst wenn sich die Fotos und die Begleittexte, wie im vorliegenden Fall, ausschließlich auf Einzelheiten ihres Privatlebens beziehen. (...)"

Aufgrund des EGMR–Urteils ist der BGH (Urteil v. 06.03.2007, Az. VI ZR 51/06) von seiner bisherigen Rechtsprechung zu § 23 Abs. 1 Nr. 1 KUG abgewichen und nimmt nun eine einzelfallbezogene Abwägung vor, bei der vor allem auf die öffentliche Relevanz eines Vorgangs und nicht mehr nur auf die abgebildete Person abgestellt wird. So erklärte der BGH, dass je größer der Informationswert für die Öffentlichkeit sei, desto mehr müsse das Schutzinteresse der betroffenen Person hinter den Informationsbelangen der Öffentlichkeit zurücktreten. Allerdings wiege der Schutz der Persönlichkeit des Betroffenen umso schwerer, je geringer der Informationswert für die Allgemeinheit sei. Demnach habe das Interesse der Leser an bloßer Unterhaltung gegenüber dem Schutz der Privatsphäre regelmäßig ein geringeres Gewicht und sei nicht schützenswert. Der Informationsgehalt einer Bildberichterstattung ist im Gesamtkontext, in den das Personenbildnis gestellt ist, zu ermitteln, insbesondere unter Berücksichtigung der zugehörigen Textberichterstattung. Daneben sind für die Gewichtung der Belange des Persönlichkeitsschutzes der Anlass der Berichterstattung und die Umstände in die Beurteilung mit einzubeziehen, unter denen die Aufnahme entstanden ist. Auch ist bedeutsam, in welcher Situation der Betroffene erfasst und wie er dargestellt wird. Dies bestätigte der BGH auch in aktuellen Entscheidungen. Auch der EGMR hält weiterhin an seiner Rechtsprechung fest (zum Beispiel EGMR, Urt. v. 10.11.2015, Az. 40454/07).

Personen als Beiwerk

Die zweite Ausnahme in § 23 Abs. 1 KUG von der Einwilligungserfordernis greift bei Bildern ein, auf denen Personen nur als Beiwerk neben einer Landschaft oder sonstigen Örtlichkeit erscheinen. Entscheidend ist, dass die Darstellung der Landschaft oder sonstigen Örtlichkeit im Vordergrund steht und die Aufmerksamkeit des Betrachters einnimmt. Die auf dem Bild abgebildeten Personen müssen also im Hinblick auf die Gestaltung des Bildes eine untergeordnete Rolle einnehmen und in diesem Sinne nur „Beiwerk" sein. Eine Personenabbildung ist dann nicht mehr als Beiwerk zu werten, wenn die abgebildete Umgebung auf dem Bild nicht ausreichend erkennbar ist. Unter die Ausnahme fallen auch keine Bilder, auf denen die Landschaft oder sonstige Umgebung nur den Rahmen für ein Personenbildnis gibt. Dazu führte auch der BGH in seinem Urteil vom 21. April 2015 aus (Az. VI ZR 245/14):

> „(...) Nach § 23 Abs. 1 Nr. 2 KUG ist die Veröffentlichung eines Bildnisses ohne Einwilligung der abgebildeten Person grundsätzlich zulässig, wenn diese Person nur als Beiwerk neben einer Landschaft oder sonstigen Örtlichkeit erscheint. Hiervon kann nach dem Sinn und Zweck der Vorschrift nur dann ausgegangen werden, wenn die Abbildung einer Landschaft oder sonstigen Örtlichkeit das Bild prägt und nicht selb„t „Beiw"rk" ist. Im Streitfall bezog sich die Abbildung indes – wovon die Revisionen der Beklagten selbst ausgehen – in erster Linie auf Herrn A. Das Strandleben am „Ballermann" bildete lediglich den Hintergrund des Fotos."

Die einzelne Person vor der Kirche ist sehr dominant im Bild und sollte ihre Einwilligung geben, oder vor Veröffentlichung abgeschnitten werden, um dann problemlos die Kirche abzubilden.

Hier die gleiche Kirche mit mehreren Personen, die als Beiwerk bezeichnet werden können.
Die Abbildung der Personen ist somit problemlos.

Demnach greift die Ausnahmeregelung nicht immer dann ein, nur weil auf dem Bild eine Landschaft oder sonstige Örtlichkeit zu sehen ist. Vielmehr kommt es auf die Gewichtung der Landschaftsdarstellung zu der Personendarstellung auf dem jeweiligen Bild an.

Bilder von Versammlungen, Festumzügen etc.

Eine weitere Ausnahme ist gegeben, wenn es sich um Bilder von Versammlungen, Umzügen und ähnlichen Vorgängen, an denen die dargestellten Personen teilgenommen haben, handelt. Unter den Begriffen Versammlungen, Umzügen und ähnlichen Vorgängen sind grundsätzlich alle Menschenansammlungen zu verstehen, die sich dadurch kennzeichnen, dass die Teilnehmer einen gemeinsamen Zweck verfolgen. Hierzu gehören zum Beispiel Demonstrationen, Sportveranstaltungen, Karnevalsumzüge und Kongresse. Allerdings werden von der Ausnahmevorschrift nur öffentliche Veranstaltungen erfasst.

Entscheidend ist, dass die Bilder das Geschehen in der Gesamtheit und nicht nur einzelne Teilnehmer darstellen. Das bedeutet wiederum nicht, dass Bilder von Versammlungen diese stets in ihrem vollen Umfang abbilden müssen. Vielmehr ist es zulässig einen Ausschnitt von einer Versammlung abzubilden, der für diese repräsentativ ist.

Auch hier gilt, dass solche öffentlichen Umzüge bei Festlichkeiten fotografiert und die Bilder genutzt werden können.

Öffentliche Umzüge bei Volksfesten oder Faschingsumzüge sind gute Motive und frei nutzbar.

Bildnisse, die einem höheren Interesse der Kunst dienen

Die letzte Ausnahmevorschrift des § 23 Abs. 1 KUG privilegiert die zustimmungsfreie Veröffentlichung von Bildnissen, die nicht auf Bestellung angefertigt sind, sofern die Verbreitung oder Schaustellung einem höheren Interesse der Kunst dient.

Die Veröffentlichung muss also im Interesse der Kunst sein. Demnach ist die Veröffentlichung eines Bildnisses aus kommerziellen Gründen oder Sensationsgier nicht zustimmungsfrei. Wenn jedoch neben dem künstlerischen Zweck auch ein wirtschaftliches Interesse besteht, ist dies unschädlich. Bildnisse im Sinne der Vorschrift sind nicht nur künstlerische Zeichnungen, sondern umfassen künstlerische Darstellungen jeglicher Art, insbesondere auch künstlerische Fotografien.

Strittig ist die Frage, ob die Street-Photography unter § 23 Abs. 1 KUG fällt. Zum einem ist zu beachten, dass die abgebildeten Personen nicht mit der Aufnahme rechnen und gegebenenfalls ihre Sozial- oder Privatsphäre betroffen sein könnte. Zum anderen ist die Kunstfreiheit ausreichend zu berücksichtigen. Ziel dieser Kunstform ist es nämlich gerade, ein unverfälschtes Abbild der Realität aufzunehmen. Wenn jedoch die Einwilligung jeder abgebildeten Person eingeholt werden müsste, wäre dies nicht mehr möglich. Daher hat das Bundesverfassungsgericht die Vorschrift so verfassungskonform ausgelegt, dass auch Straßenfotografie davon umfasst ist (vgl. BVerfG, Beschl. v. 08.02.2018, Az. 1 BvR 2112/15).. Dies gilt jedoch nicht uneingeschränkt. Es ist eine Abwägung zwischen der Kunstfreiheit und dem allgemeinen Persönlichkeitsrecht im Einzelfall vorzunehmen.

Werden Bildnisse auf Bestellung angefertigt, so können diese nicht zustimmungsfrei veröffentlicht werden. Hierdurch soll das Vertrauensverhältnis zwischen dem Künstler und der Person, die sich abbilden lässt, geschützt werden.

Einschränkung der Zustimmungsfreiheit

Obwohl § 23 Abs. 1 KUG Ausnahmen aufführt, bei denen eine Veröffentlichung eines Bildnisses oder Bildes auch ohne die Zustimmung des Betroffenen zulässig ist, gibt es eine Einschränkung durch § 23 Abs. 2 KUG:

> *„Die Befugnis erstreckt sich jedoch nicht auf eine Verbreitung und Schaustellung, durch die ein berechtigtes Interesse des Abgebildeten oder, falls dieser verstorben ist, seiner Angehörigen verletzt wird."*

Demnach ist eine Veröffentlichung dann nicht zulässig, obwohl ein Ausnahmetatbestand des Abs. 1 erfüllt ist, wenn hierdurch berechtigte Interessen des Abgebildeten verletzt werden. Die Rechtsprechung geht davon aus, dass insbesondere Abbildungen nicht zulässig sind, die

- in die Privat- oder Intimsphäre eingreifen,
- den Zweck haben, den Abgebildeten herabzusetzen oder lächerlich zu machen,
- zu Werbezwecken verwendet werden,
- zu einer Personengefährdung führen können.

Beispielsweise fallen auch Trauerzüge und Beerdigungen unter den Begriff der Versammlung oder Aufzügen nach § 23 Abs. 1 Nr. 3, jedoch können Aufnahmen von Beerdigungen die berechtigten Interessen der Angehörigen verletzen, sodass diese Aufnahmen ohne Einwilligung der betroffenen Personen nach § 23 Abs. 2 KUG unzulässig wären.

Sachaufnahmen

2.4 Erstellung von Sachaufnahmen

Im Gegensatz zu der Erstellung von Personenfotos, unterliegt die Erstellung von Bildern, die Sachen zeigen, keinem grundsätzlichen Einwilligungserfordernis des Eigentümers. Unter den Begriff der Sachaufnahme fallen unter anderem Aufnahmen von Gebäuden, Gärten und Landschaftszügen sowie Tieren, Autos und Booten.

Die Abbildung von Sachen jeglicher Art bedarf grundsätzlich keiner Zustimmung des jeweiligen Eigentümers und kann somit auch nicht zu einer Rechtsgutverletzung, insbesondere des Eigentums- und Persönlichkeitsrechts, führen.

So hat der BGH in der sogenannten „Friesenhaus-Entscheidung" (Urt. v. 09.03.1989, Az. I ZR 54/87) entschieden, dass die ungenehmigte Herstellung einer Aufnahme von einem Wohnhaus und die anschließende kommerzielle Verwertung in einem Werbeprospekt zulässig ist. Insbesondere verneinte das Gericht einen Unterlassungs- und Beseitigungsanspruch des Hauseigentümers. Zur Zulässigkeit der Herstellung des Fotos führte der BGH aus:

Sachen wie Autos können auf öffentlichem Grund fotografiert werden.
Auf privatem Eigentum, wie hier in einer Hofeinfahrt, muss eine Genehmigung vorliegen.

Boote auf öffentlichen Gewässern dürfen fotografiert werden. Auch hier sind die Personen Beiwerk.

„(...) Die Abbildung einer Sache stellt sich dann als eine Vervielfältigung des immateriellen, geistigen Werkes dar; sie unterfällt dem urheberrechtlichen Verwertungsrecht. Die Zubilligung eines entsprechenden Ausschließlichkeitsrechts zugunsten des Sacheigentümers würde dem Wesen des Urheberrechts und seiner Abgrenzung gegenüber der sachenrechtlichen Eigentumsordnung zuwiderlaufen. Die Regelung der Abbildungsfreiheit für die an öffentlichen Wegen, Straßen oder Plätzen befindlichen Bauwerke in § 59 UrhG (früher § 20 KUG) läßt erkennen, daß dem Gesetzgeber des Urheberrechtsgesetzes - und vor ihm dem des Kunsturhebergesetzes - selbstverständlich war, daß dem Eigentümer kein Nutzungs- und Verbietungsrecht zusteht. Andernfalls wäre es unverständlich, daß er die Abbildungen von Bauwerken urheberrechtlich freigibt, wenn sie gleichwohl aus dem Eigentumsrecht bürgerlichrechtlich zu untersagen wären. (...)"

Darüber hinaus sind Sachaufnahmen nur dann ohne Zustimmung des Eigentümers zulässig, wenn diese von einem öffentlich frei zugänglichen Ort aus und nicht unter Verletzung des Hausrechts erstellt werden. Bei der Herstellung von Aufnahmen ist das Hausrecht des Eigentümers zu beachten. Verbietet das Hausrecht eine Herstellung von Aufnahmen, können solche im Ausnahmefall nur mit ausdrücklicher Zustimmung des Eigentümers angefertigt werden. So hat der BGH (Urteile v. 17.12.2010, Az. V ZR 44/10; Az. V ZR 45/10; Az.

V ZR 46/10) entschieden, dass die Stiftung Preußische Schlösser und Gärten die ungenehmigte Herstellung und Verwertung von Aufnahmen der Gebäude und Gärten untersagen kann, wenn diese nur durch Betreten des Grundstücks angefertigt werden können.

„(...) Das Eigentum an einem Grundstück wird aber dann durch (das Aufnehmen und) die Verwertung von Fotografien von auf ihm errichteten Gebäuden und auf ihm angelegten Gartenanlagen und Parken beeinträchtigt, wenn das Grundstück zur Anfertigung solcher Fotografien betreten wird. (...)

Dieser Gesichtspunkt greift aber nicht, wenn das Gebäude oder der Garten – wie hier – nicht von allgemein zugänglichen Stellen, sondern von dem Grundstück aus, auf dem sie sich befinden, fotografiert werden (sollen). Dann hängt die Möglichkeit, das Gebäude oder den Garten zu fotografieren, entscheidend davon ab, ob der Grundstückseigentümer den Zugang zu seinem Grundstück eröffnet und unter welchen Bedingungen dies geschieht. Die Entscheidung darüber steht, von noch zu erörternden Grenzen abgesehen, nach § 903 BGB im Belieben des Grundstückseigentümers. Er ist nicht gezwungen, den Zugang zu seinem Grundstück nur vollständig zu gestatten oder vollständig zu versagen. Er kann ihn auch eingeschränkt öffnen und sich etwa das Fotografieren seines Anwesens und die Verwertung solcher Fotografien vorbehalten. (...)"

Blumen sind Sachen und können im öffentlichen Raum problemlos fotografiert werden

In einem Urteil hat der BGH (v. 20.12.2018, Az. I ZR 104/17) entschieden, dass sich ein Unterlassungsanspruch auch daraus ergeben kann, dass ein Museum ein Fotografierverbot auferlegt und dagegen verstoßen wird. Wer dann beispielsweise ein Bild eines Gemäldes erstellt und ggf. auch veröffentlicht, verstößt gegen die Allgemeinen Geschäftsbedingungen, deren Teil ein solches Fotografierverbot ist.

Im Umkehrschluss ist daher die Herstellung von Sachaufnahmen dann zulässig, wenn sie von einem öffentlich frei zugänglichen Ort aus angefertigt werden können. Die Herstellung einer Sachaufnahme ist in einem solchen Fall von der sogenannten Panoramafreiheit, die in § 59 UrhG geregelt ist, gedeckt.

Nach § 59 Abs. 1 UrhG gilt:

> *„Zulässig ist, Werke, die sich bleibend an öffentlichen Wegen, Straßen oder Plätzen befinden, mit Mitteln der Malerei oder Graphik, durch Lichtbild oder durch Film zu vervielfältigen, zu verbreiten und öffentlich wiederzugeben. Bei Bauwerken erstrecken sich diese Befugnisse nur auf die äußere Ansicht."*

Öffentlich sind Wege, Straßen oder Plätze, wenn diese für jedermann frei zugänglich sind. Dabei ist unerheblich, ob sie in privatem oder öffentlichem Eigentum stehen. Bei der Aufzählung „Wegen, Straßen und Plätzen" in § 59 Abs. 1 UrhG handelt es sich um keine abschließende Aufzählung, sodass hier ein offener Begriff vorliegt. Erfasst sind daher alle Orte, die sich unter freiem Himmel befinden. Eine solch offene Auslegung zieht der BGH in seiner AIDA Kussmund Entscheidung vom 27.04.2017 (Az. I ZR 247/15), bei der ein Betreiber einer Internetseite für touristische Ausflüge ein Bild des Kreuzfahrtschiff AIDA und des AIDA-Kussmundes verwendete:

![Brücke in Sydney mit Schiff]

Brücke in Sydney mit Schiff kann von einem öffentlichen Grundstück aus fotografiert werden.

„(…) Ein Werk befindet sich „an" öffentlichen Wegen, Straßen oder Plätzen, wenn es von öffentlichen Wegen, Straßen oder Plätzen aus wahrgenommen werden kann. Unerheblich ist, ob das Werk selbst für die Öffentlichkeit zugänglich ist. Das ergibt sich aus dem Zweck der Regelung, es dem Publikum zu ermöglichen, das, was es von öffentlichen Wegen, Straßen oder Plätzen aus mit eigenen Augen sehen kann, als Gemälde, Zeichnung, Fotografie oder im Film zu betrachten. (…) Die Nennung von „Wegen, Straßen oder Plätzen" in § 59 I 1 UrhG ist lediglich beispielhaft und nicht abschließend. Die Bestimmung erfasst jedenfalls alle Orte, die sich – wie Wege, Straßen oder Plätze – unter freiem Himmel befinden. (…) Der „Kussmund" ist am Bug und an den Bordwänden eines Kreuzfahrtschiffs aufgemalt, das nach den Feststellungen des BerGer. bestimmungsgemäß auf der Hohen See, im Küstenmeer, auf Seewasserstraßen und in Seehäfen eingesetzt wird. Diese Gewässer sind grundsätzlich allgemein zugänglich und dürfen etwa von jedermann mit Wasserfahrzeugen befahren werden. Das Kreuzfahrtschiff der Kläger befindet sich danach an öffentlichen Orten, soweit es von diesen Gewässern aus wahrgenommen werden kann. Es befindet sich darüber hinaus insoweit an öffentlichen Orten, als es vom allgemein zugänglichen Festland aus zu sehen ist."

Auch die Voraussetzung „bleibend" wird weit ausgelegt. Dabei ist nach dem BGH nicht ortsfest gemeint, sondern dauerhaft gemeint:

„Bleibend" bedeutet nicht ortsfest, sondern dauerhaft. Entscheidend ist, dass der „AIDA Kussmund" sich mit dem Kreuzfahrtschiff bestimmungsgemäß für längere Dauer an (verschiedenen) öffentlichen Orten befindet. Der Umstand, dass sich das Schiff zeitweise nicht an öffentlich zugänglichen Orten – etwa in einer Werft – befinden mag, steht der Anwendung des § 59 I 1 UrhG nicht entgegen."

Jedoch sind von der Regelung nur Orte umfasst, die der Mensch mit seinen natürlichen Fortbewegungsmöglichkeiten erreichen kann. Demnach sind Orte, die nur durch Hilfs- oder Fortbewegungsmittel erreicht werden können, kein öffentlicher Weg. Insbesondere sind daher Aufnahmen durch Drohnen aus dem Luftraum nicht von § 59 Abs. 1 UrhG gedeckt und daher ohne Einwilligung des Eigentümers unzulässig. Das Oberlandesgericht Hamm führte dazu aus (OLG Hamm, Urt. v. 27.4.2023, Az. 4 U 247/21):

„Die Schrankenregelung in § 59 Abs. 1 Satz 1 UrhG betrifft von vornherein nur diejenigen Perspektiven, die sich den Augen eines Menschen von allgemein zugänglichen Orten aus bieten. Erfasst sind hierbei bei sinnvoller und auch die berechtigten Interessen der Urheber und Nutzungsberechtigten im Blick behaltender Auslegung der hier in Rede stehenden Schrankenregelung allein Orte und Einrichtungen, die einen Teil der Erdoberfläche bilden oder mit der Erdoberfläche zumindest dauerhaft und fest verbunden sind; hierzu mögen neben

> *öffentlichen Wegen, Straßen oder Plätzen auch öffentlich zugängliche Wasserflächen oder öffentlich zugängliche Aussichtstürme oder Aussichtsplattformen gehören, nicht hingegen der Luftraum, den der Mensch allein mit seinen naturgegebenen Fortbewegungsmöglichkeiten „Laufen", „Klettern" und gegebenenfalls noch „Schwimmen" grundsätzlich nicht erreichen kann und in dem er sich ausschließlich mittels besonderer Hilfs- und Fortbewegungsmittel (zum Beispiel als Passagier eines Flugzeugs oder eines Ballons oder mit einem Fallschirm) aufzuhalten und zu bewegen vermag. Dementsprechend ist es für die im vorliegenden Rechtsstreit zu treffende Entscheidung von vornherein ohne Belang, dass die streitgegenständlichen Luftbildaufnahmen – möglicherweise – auch von einem Menschen selbst aus einem Luftfahrzeug (zum Beispiel einem Ballon oder einem Ultraleichtflugzeug) heraus hätten erstellt werden können."*

Auch wenn man sich auf einem öffentlichen Weg befindet, aber Hilfsmittel wie eine Leiter genutzt wurden oder eine Blickschutz entfernt werden musste, sind die Aufnahmen nicht von § 59 Abs. 1 UrhG gedeckt:

> *„Die Schrankenbestimmung soll es dem Publikum ermöglichen, das, was es von der Straße aus mit eigenen Augen sehen kann, als Gemälde, Zeichnung, Fotografie oder im Film zu betrachten. (…) Desgleichen sind vom Zweck der Regelung keine Aufnahmen des Werkes umfasst, die unter Verwendung besonderer Hilfsmittel (wie einer Leiter) oder nach Beseitigung blickschützender Vorrichtungen (wie einer Hecke) angefertigt worden sind. Solche Ansichten des Werkes sind nicht Teil des von der Allgemeinheit wahrnehmbaren Straßenbildes."*

Darüber hinaus kann die Herstellung von Sachaufnahmen dann unzulässig sein, wenn durch die Aufnahmen in die Privat- oder Intimsphäre des Eigentümers eingegriffen wird. Ein solcher Eingriff kann vorliegen, wenn ungenehmigt Innenaufnahmen des Wohnbereichs einer Person oder Aufnahmen von sichtgeschützten Gärten angefertigt werden. Denn in diesen Bereichen will der Eigentümer grundsätzlich ungestört und unbehelligt von der Außenwelt leben. Auch bei Aufnahmen von Grabstätten kurz nach der Beerdigung wird aufgrund der Gefahr von Grabtourismus und Störung der Totenruhe angenommen, dass solche Aufnahmen grundsätzlich unzulässig sind.

Gesetzliche Fotografierverbote

Letztlich sind bei der Erstellung von Sachaufnahmen auch die gesetzlichen Fotografierverbote zu beachten. Solche Verbote bestehen unter anderem für Gerichtsverhandlungen und sonstige Aufnahmen in Gerichtsgebäuden. Darüber hinaus dürfen militärische Anlagen wie Kasernen oder Aufklärungsanlagen nicht ohne entsprechende Zustimmung fotografiert werden.

2.5 Veröffentlichung von Sachaufnahmen

Ist bereits die Herstellung einer Sachaufnahme unzulässig, trifft das grundsätzlich auch auf deren Veröffentlichung zu. Aber auch bei Aufnahmen, die zulässigerweise angefertigt wurden, kann die Veröffentlichung unter Umständen wegen eines Verstoßes gegen das Eigentums- oder Persönlichkeitsrecht unzulässig sein. Bei Veröffentlichung in der Presse muss stets eine Abwägung zwischen dem Informationsinteresse der Öffentlichkeit und des allgemeinen Persönlichkeitsrechts vorgenommen werden. Entsprechend kann die Veröffentlichung von Wohngebäudeaufnahmen gegen das Persönlichkeitsrecht verstoßen, wenn in der Berichterstattung der Name des Eigentümers bzw. der darin lebenden Personen oder die Adresse einer Person bekanntgegeben werden.

So hat das Oberlandesgericht Hamburg in einem Urteil vom 28.09.2004 (Az. 7 U 60/04) entschieden. Durch die gleichzeitige Nennung des Namens des Eigentümers sei in dessen Recht auf Selbstbestimmung bei der Offenbarung seiner persönlichen Lebensumstände eingegriffen worden. Weiter führte das Gericht aus:

> „(...) Zwar trifft es zu, dass regelmäßig eine Verletzung der Privatsphäre nicht schon dann ohne weiteres anzunehmen ist, wenn die Außenansicht eines Grundstücks von einer allgemein zugänglichen Stelle aus in Frage steht, sofern sich nicht aus den besonderen Umständen ergibt, dass der betreffende Ort für die betreffende Person zum Ort der Abgeschiedenheit wird. Indessen ist im vorliegenden Fall maßgeblich – und nur darauf zielt das Verbot –, dass durch die gleichzeitige Nennung des Namens des Antragstellers als Eigentümer in dessen Recht auf Selbstbestimmung bei der Offenbarung seiner persönlichen Lebensumstände eingegriffen wird. (...) Im konkreten Fall besteht insbesondere die Gefahr, dass infolge der Aufhebung der Anonymität des Gebäudes das Grundstück in seiner Eignung als Rückzugsort für den Antragsteller und seine Familie beeinträchtigt wird. (...)"

Das Kammergericht entschied beispielsweise in seinem Urteil vom 18.12.2007 (Az. 9 U 95/07), dass die Abbildung des Wohnhauses eines früheren Terroristen im Zusammenhang mit einer Berichterstattung, wodurch sein Wohnumfeld bekannt wurde, aufgrund der Gefährdung seiner Resozialisierung unzulässig ist. Bei der Abbildung des Wohnhauses eines ehemaligen Außenministers mit dem Hinweis auf seinen Wohnort und der Angabe des Kaufpreises des Nachbargrundstücks hingegen hielt der BGH es für zulässig, da ein hohes Informationsinteresse der Öffentlichkeit besteht, welchen Lebensstil die Einkünfte von Politikern erlauben (vgl. BGH, Urt. v. 19.05.2009, Az.VI ZR 160/08).

Anders ist der Sachverhalt zu beurteilen, wenn das Privathaus zuvor der Öffentlichkeit zum Beispiel im Rahmen einer Homestory präsentiert wurde. So hat auch der BGH in einem Urteil vom 09.12.2003 (Az. VI ZR 373/02) entschieden, dass Luftbildaufnahmen von einem

Feriendomizil einer bekannten Fernseh-Moderatorin grundsätzlich zwar einen unzulässigen Eingriff in die Privatsphäre darstellen. Allerdings sei dem Persönlichkeitsrecht der Betroffenen bei einer Abwägung mit der Pressefreiheit ein geringeres Gewicht zuzusprechen, wenn die Prominente ihre Wohn- und Lebensverhältnisse durch eigene Veröffentlichung bekannt gemacht habe. Demnach liege schon von der Intensität her kein schwerwiegender Eingriff in das Persönlichkeitsrecht der Betroffen vor. Weiter führte der BGH aus:

> „(...) Das gilt erst recht für den vorliegenden Fall, in dem die Klägerin selbst den Teil ihrer Privatsphäre, dessen Schutz sie mit der Klage einfordert, durch Veröffentlichungen einem breiten Publikum bekannt gemacht hat. Die Informationen, dass sie eine Finca auf M. als Feriendomizil nutzt, lässt sich dem von ihr verfassten Buch „Socke und Konsorten" entnehmen, das auch Fotos von ihrer Person auf der Terrasse des Hauses, am Pool und im Garten enthält. Erfolglos rügt die Revision hierzu, das Berufungsgericht gehe ohne hinreichende tatsächliche Grundlage von entsprechenden Vorveröffentlichungen durch die Klägerin aus. (...)"

Darüber hinaus sind urheberrechtliche Beschränkungen zu beachten. Die Veröffentlichung von Sachaufnahmen von urheberrechtlich geschützten Werken wie Gemälden, Skulpturen etc. greifen in das Vervielfältigungs- und Verbreitungsrecht bzw. in das Recht auf öffentliche Wiedergabe und Zugänglichmachung des Urhebers ein. Ist die Veröffentlichung von Sachaufnahmen bezweckt, die einen urheberrechtlichen Schutz genießen, so bedarf es hierzu der Zustimmung des Urhebers. Demnach ist zum Beispiel das Abfotografieren eines Fotos ohne Genehmigung eine Verletzung des Urheberrechts, auch wenn das fremde Foto nur Teil des eigenen Motivs ist. Wobei das fremde Foto im Einzelfall auch nur ein unwesentliches Beiwerk sein kann oder als Beleg vom Zitatrecht gedeckt ist, sodass das Abfotografieren zulässig sein könnte.

Wenn Sie ein Foto eines Gemäldes veröffentlichen möchten, sollten Sie vom Urheber die Erlaubnis einholen.

3. Was ist beim Erwerb von Bildern zu beachten?

Werden Fotos oder Bilder zum Beispiel zu Werbezwecken benötigt, entschließen sich nur die wenigsten Unternehmen, selbst auf den Auslöser der Kamera zu drücken. Vielmehr werden Fotos dann entweder bei einem Fotografen in Auftrag gegeben oder aber bereits hergestellte Fotos von einem Fotografen oder einer Bildagentur erworben. In diesem Zusammenhang gilt es einige rechtliche Stolpersteine zu beachten, damit es nicht zu einer bösen Überraschung kommt.

Wenn Sie ein Model für einen Auftrag buchen ist es besser einen Modelvertrag abzuschließen.
Solche Verträge gibt es kostenfrei für DFJ Mitglieder.

© inarik – stock.adobe.com

Folgende Verträge finden DFJ Mitglieder im Mitgliederbereich.

1. Genehmigung Foto-/ Filmaufnahmen
2. Fotomodel-Vertrag
3. Einwilligung Verwendung Fotos DSGVO
4. Nutzungsrechteerkärung für ein Projekt

3.1 Beauftragung eines Fotografen

Bei der Beauftragung eines Fotografen mit der Herstellung von zum Beispiel Werbefotos für ein neues Produkt, sollte man sich bereits im Vorfeld genau über die Arbeitsweise, den Stil und andere wichtige Eigenschaften des Fotografen informieren. Denn grundsätzlich steht jedem Fotografen ein gewisser künstlerischer Spielraum bei der Anfertigung der Fotos zu. Gibt der Kunde daher lediglich das Motiv, also das neue Produkt vor, räumt er dem Fotografen damit die Möglichkeit ein, dass Foto ganz nach seiner Idee anzufertigen. In einigen Fällen mag das vielleicht gut gehen. Allerdings kommt es häufig zu Rechtsstreitigkeiten zwischen Fotograf und Auftraggeber, weil dieser mit dem Ergebnis der Arbeit nicht zufrieden ist und sich die Fotos anders vorgestellt hatte.

Daher gilt es, die Bedingungen und Wünsche vor der Auftragsvergabe so genau wie möglich mit dem Fotografen zu erörtern und schriftlich festzuhalten. Kommt es anschließend zu Differenzen bezüglich des Fotos kann auf den Vertragsinhalt verwiesen werden. Wurden die Bedingungen dagegen nicht ausreichend festgelegt, kann der Kunde weiterhin zur Zahlung des vereinbarten Honorars verpflichtet sein, obwohl das Ergebnis für ihn nicht zufriedenstellend ist.

3.2 Erwerb vom Fotografen

Bei dem Erwerb von bereits erstellten Fotos direkt beim Fotografen ist insbesondere darauf zu achten, dass das betreffende Bildmaterial frei von Rechten Dritter ist. Dies wird zum Beispiel dann relevant, wenn auf dem besagten Foto eine Frau abgelichtet wurde, die in die Ablichtung nicht eingewilligt hat. Daher ist es wichtig, sich vom Fotografen eine Zusicherung geben zu lassen, dass das Foto frei von Rechten Dritter ist. Im Falle des Bildes von der Frau, sollte der Fotograf eine entsprechende Erklärung vorlegen können, in der sich die abgebildete Frau mit der Ablichtung einverstanden erklärt.

Darüber hinaus ist auch die Zusicherung wichtig, dass der Fotograf auch tatsächlich die ausschließlichen Rechte an dem Bildmaterial besitzt. Denn ein gutgläubiger Erwerb von Nutzungsrechten ist im Urheberrecht nicht möglich.

Weiter ist darauf zu achten, in welchem Umfang die Rechte an dem Bildmaterial erworben werden. Also, ob jegliche Art der Verwendung erlaubt ist oder zeitliche Beschränkungen vorliegen.

3.3 Erwerb von Bildagentur

Viele Fotografen treten ihre Verwertungsrechte gegen Entgelt an die Verwertungsgesellschaft Bild-Kunst oder Bildagenturen ab. In diesem Fall schließt der Erwerber einen Vertrag mit der Agentur bzw. der Verwertungsgesellschaft und nicht direkt mit dem Fotografen, der das Foto erstellt hat. Auch in dieser Konstellation sind Zusicherungen der Agentur sowohl hinsichtlich der Inhaberschaft der ausschließlichen Nutzungsrechte als auch hinsichtlich der Freiheit des Bildmaterials von Rechten Dritter, also insbesondere, dass bei der Herstellung des Fotos keine Persönlichkeits-, Eigentums- oder sonstigen Rechte verletzt wurden, unerlässlich.

Neben dem entgeltlichen Erwerb gibt es auch Möglichkeiten, fremde Bilder kostenlos zu nutzen wie zum Beispiel bei der Fotocommunity piqs.de. Interessant ist vor allem, dass die Fotos von piqs.de auch zu kommerziellen Zwecken im Rahmen von Werbemaßnahmen verwendet werden können.

4. Urheberrecht

Das Urheberrecht verfolgt gem. § 11 UrhG den Zweck, die Bilder bzw. Fotografien eines Urhebers zu schützen:

> *„Das Urheberrecht schützt den Urheber in seinen geistigen und persönlichen Beziehungen zum Werk und in der Nutzung des Werkes. Es dient zugleich der Sicherung einer angemessenen Vergütung für die Nutzung des Werkes."*

Diesen Schutz gewährleistet das Urheberrecht durch verschiedene Regelungen. Doch damit der urheberrechtliche Schutz greift, müssen bestimmte Voraussetzungen vorliegen. So ist im Vorfeld zu bestimmen, ob das erstellte Werk überhaupt dem Urheberrecht unterliegt und wer als dessen Urheber anzusehen ist. Dazu im Folgenden mehr.

4.1 Urhebereigenschaft: Wer ist Urheber eines Fotos?

Der Schutz eines Bildes durch das Urheberrecht soll dem Urheber zugutekommen. Dementsprechend ist in einem ersten Schritt zu klären, wer als Urheber eines Bildes oder einer Fotografie anzusehen ist. Das Gesetz erklärt in § 7 UrhG:

> „Urheber ist der Schöpfer des Werkes."

Es kommt demnach nur auf den Schöpfungsakt bzw. die Herstellung des Werkes an. Das Urheberrecht an einem Bild entsteht somit unmittelbar mit dessen Herstellung. Für die Entstehung des Urheberrechts an einem Foto, einer Skulptur oder Zeichnung ist der Wille oder die Erfahrung des Schöpfers unerheblich. Vielmehr werden vom Urheberrecht auch Werke geschützt, die unbeabsichtigt erstellt wurden. In rechtlicher Hinsicht handelt es sich bei der Herstellung eines Fotos um einen Realakt. Demnach kann ein Urheberrecht an einem Werk zwingend nur in der Person des Schöpfers entstehen.

Als Schöpfer und damit Urheber eines Werkes ist die Person anzusehen, die es erschaffen hat. Im Bereich der Fotografie wird in der Regel immer der Fotograf als Schöpfer des Fotos anzusehen sein. In der Person des Fotografen entsteht somit mit der Herstellung eines Fotos automatisch das Urheberrecht an dem Foto.

Als Schöpfer eines Werkes kommen grundsätzlich nur natürliche Personen in Betracht, da der in § 2 Abs. 2 UrhG verankerte Schöpfungsgedanke eine persönliche geistige Leistung erfordert, die nur von einem Menschen erbracht werden kann. Daher können juristische Personen oder Tiere keine Schöpfer im Sinne des Urheberrechts sein. Allerdings kommt es nicht darauf an, ob die Person ein gewisses Alter oder Reife besitzt. Ebenso muss die Person nicht geschäftsfähig sein.

Für die Entstehung der Urheberrechte an einem Werk kommt es nicht auf dessen Fertigstellung an. Vielmehr sind auch vorbereitende Handlungen, in denen sich bereits der „schöpferische" Gedanke erkennbar niederschlägt, urheberrechtlich geschützt.

Urheberrecht im Arbeitsverhältnis

Der Schöpfungsgrundsatz des Urheberrechts gilt auch für Werke, die im Rahmen eines Arbeits- oder Dienstverhältnisses zum Beispiel von einem angestellten Fotografen erschaffen werden.

In einem solchen Fall ist der angestellte Fotograf der Schöpfer und somit auch Urheber der Fotografien, die er im Rahmen seines Arbeitsverhältnisses anfertigt. Allerdings wird sich der Arbeitgeber im Arbeitsvertrag die vollständigen Nutzungsrechte an allen Fotografien einräumen lassen, die der Fotograf im Rahmen seiner Arbeitstätigkeit erstellt. Der Fotograf ist dann zwar Urheber der Werke, hat jedoch nicht das Recht diese zu verwerten.

Miturheber

Die Bestimmung der Urheberschaft erweist sich vor allem dann als schwierig, wenn mehrere Personen an der Entstehung einer Fotografie mitgewirkt haben. In einem solchen Fall setzt sich das endgültige Werk aus verschiedenen Teilwerken zusammen, die nicht einzeln verwertet werden können. Dementsprechend gibt es nicht nur einen, sondern mehrere Urheber, die dann Miturheber des Werkes sind.

Voraussetzung für eine Miturheberschaft ist, dass die einzelnen Personen zur Schaffung eines gemeinsamen Werkes zusammengearbeitet haben und jeder einen eigenen schöpferischen Beitrag erbracht hat.

Der BGH (Urt. v. 14.07.1993, Az. I ZR 47/91) hat diese Form der Zusammenarbeit näher erläutert. Demnach setze die Annahme einer Miturheberschaft in rechtlicher Hinsicht ein gemeinsames Schaffen der Beteiligten voraus, bei dem jeder einen schöpferischen Beitrag leiste, der in das gemeinsame Werk einfließe. Die schöpferische Mitwirkung könne bei einem stufenweise entstehenden Werk – wie zum Beispiel einem Computerprogramm – auch in einem Vorstadium erfolgen, wenn sie als unselbständiger Beitrag zum einheitlichen Schöpfungsprozess der Werkvollendung geleistet werde. Der Umfang des schöpferischen Beitrags ist dabei unbeachtlich. Entscheidend ist allein, dass überhaupt ein schöpferischer Beitrag geleistet wurde, solange eine persönliche geistige Schöpfung nach § 2 Abs. 2 UrhG vorliegt. Dadurch, dass jeder noch so kleiner schöpferischer Beitrag eine Miturheberschaft begründen kann, sollte im Vorhinein ein Miturhebervertrag geschlossen werden oder eine Vereinbarung über einen Anteilsverzicht nach § 8 Abs. 4 UrhG getroffen werden.

Die Annahme einer Miturheberschaft ist dann zu verneinen, wenn es sich bei der Leistung um die Bearbeitung oder Fortsetzung eines bestehenden Werkes handelt, da der Betroffene in diesem Fall nicht an der originären Erstellung des Werkes beteiligt war. So hat der BGH in einem Urteil vom 03.03.2005 (Az. I ZR 111/02) entschieden, dass diejenigen, die ein Computerprogramm nachträglich bearbeiten und verändern nicht als Miturheber anzusehen sind. Zur Begründung hat das Gericht ausgeführt:

„(...) Denn im Streitfall kann nicht ohne weiteres davon ausgegangen werden, dass es sich bei den an der Programmierung und Weiterentwicklung beteiligten Personen um Miturheber i.S. von § 8 UrhG handelt. Voraussetzung für eine Miturheberschaft ist eine einheitliche Schöpfung, die einen entsprechenden natürlichen Handlungswillen der beteiligten Urheber voraussetzt. Bei zeitlich gestaffelten Beiträgen, wie sie hier in Rede stehen (Schaffung des Programms durch Mö, spätere Weiterentwicklung und Pflege durch Rü, S und Ri), ist eine Miturheberschaft zwar nicht ausgeschlossen; sie setzt jedoch voraus, dass – wovon im Streitfall in Ermangelung entsprechender Feststellungen nicht ausgegangen werden kann – jeder Beteiligte seinen (schöpferischen) Beitrag in Unterordnung unter die gemeinsame Gesamtidee erbracht hat. Fehlt es hieran, weil die späteren Ergänzungen und Verbesserungen vom Handlungswillen des ursprünglichen Programmierers nicht umfasst sind, ist eine Miturheberschaft aller beteiligten Urheber zu verneinen. In diesem Fall liegen in den späteren Veränderungen abhängige Bearbeitungen mit der Folge, dass die an der Programmerstellung beteiligten Urheber über ihr Urheberrecht ohne gesamthänderische Bindung hätten verfügen und Nutzungsrechte hätten einräumen können. (...)"

Ebenso ist der Auftraggeber einer Fotografie, der dem Fotografen konkrete Ideen oder Anregungen mitteilt, weder Urheber noch Miturheber des Werkes. Entscheidend ist, dass Ideen oder Anregungen in der Regel keinen schöpferischen Beitrag zum Werk leisten. So hat auch das Kammergericht Berlin in einem Urteil vom 18.11.2003 (Az. 5 U 350/02) entschieden, dass die Anregung, eine bekannte Melodie im „Falsett-Stil" zu singen, keine Miturheberschaft begründet. Hierzu hat das Gericht ausgeführt:

> *„(...) Auch eine Miturheberschaft der „Chorsänger" (...) ist nicht hinreichend erkennbar. Die Annahme einer Miturheberschaft setzt rechtlich ein gemeinsames Schaffen der Beteiligten voraus, bei dem jeder einen schöpferischen Beitrag leistet, der in das gemeinsame Werk einfließt. Erforderlich ist, dass jeder seinen schöpferischen Beitrag in Unterordnung unter die gemeinsame Gesamtidee erbringt und dadurch ein einheitliches Werk entsteht, dessen Teile sich nicht gesondert verwerten lassen.*
>
> *Soweit die Idee zum „Falsett-Stil" von den „Chorsängern" ausgegangen sein sollte, begründet eine solche Anregung für sich noch keine Urheberrechte.*
>
> *Die Mitwirkung der „Chorsänger" an der Umsetzung dieser Idee lässt keine hinreichende Eigenständigkeit erkennen. Urheber ist nicht, wer nur als Gehilfe bei der Entstehung des Werks mitgewirkt hat. (...)"*

Anders könnte die Rechtslage zu beurteilen sein, wenn die gemachten Vorgaben so exakt sind, dass dem Fotografen praktisch kein künstlerischer Spielraum bei der Anfertigung der Fotos verbleibt und dieser letztlich nur noch auf den Auslöser drücken kann.

Gehilfen des Werkherstellers leisten in der Regel ebenfalls keinen schöpferischen Beitrag zur Herstellung eines Werkes. So ist der Visagist, der das Fotomodell entsprechend den Vorgaben des Fotografen stylt, lediglich dessen Gehilfe und nicht Miturheber gem. § 8 UrhG.

Werkverbindung

Im Gegensatz zur Miturheberschaft, bei der ein Werk aus verschiedenen Beiträgen besteht, die einzeln für sich jedoch nicht verwertet werden können, handelt es sich bei einer Werkverbindung um die Verbindung von mindestens zwei Teilwerken, die eigenständig verwertbar sind. Der Gesetzeswortlaut des § 9 UrhG führt zur Werkverbindung aus:

> *„Haben mehrere Urheber ihre Werke zu gemeinsamer Verwertung miteinander verbunden, so kann jeder vom anderen die Einwilligung zur Veröffentlichung, Verwertung und Änderung der verbundenen Werke verlangen, wenn die Einwilligung dem anderen nach Treu und Glauben zuzumuten ist."*

Entscheidend für eine Werkverbindung ist demnach, dass sich mindestens zwei verschiedene Urheber entschließen ihre Werke zu einem Werk zu verbinden. In diesem Fall wird durch die Werkverbindung kein einheitliches Werk erschaffen. Vielmehr handelt es sich um einen Zusammenschluss verschiedener Werke. Beispiele für Werkverbindungen sind die gemeinsame Verwertung von Text und Musik bei einer Oper oder von Bild und Text bei illustrierten Büchern. In der Regel wird es sich bei Werkverbindungen um Verbindungen verschiedener Werkarten handeln. Dies ist jedoch nicht zwingend. So kann eine Oper verschiedene Lieder von unterschiedlichen Komponisten enthalten.

Zudem muss die Werkverbindung die gemeinsame Verwertung der einzelnen Werke bezwecken. Dazu bedarf es einer vertraglichen Regelung zwischen den beteiligten Urhebern, die Art und Weise der gemeinschaftlichen Werkverwertung umfasst.

Bearbeiterurheberrecht

Gem. § 3 UrhG können Urheberrechte auch durch die Bearbeitung eines fremden Werkes entstehen:

> *„Übersetzungen und andere Bearbeitungen eines Werkes, die persönliche geistige Schöpfungen des Bearbeiters sind, werden unbeschadet des Urheberrechts am bearbeiteten Werk wie selbständige Werke geschützt. Die nur unwesentliche Bearbeitung eines nicht geschützten Werkes der Musik wird nicht als selbständiges Werk geschützt."*

Eine Bearbeitung eines Fotos liegt zum Beispiel dann vor, wenn ein fremdes Foto im Rahmen einer Collage verwendet wird. Auch wenn das Foto an sich nicht verändert wird, entsteht durch die Zusammenstellung mit anderen Fotos ein neues Werk, das eine persönliche geistige Schöpfung des Bearbeiters darstellt und gem. § 3 UrhG urheberrechtlichen Schutz genießt. So hat der BGH in einem Urteil vom 07.02.2002 (Az. I ZR 304/99) entschieden, dass eine Bearbeitung auch dann vorliegen kann, wenn ein geschütztes Werk in ein neues „Gesamtkunstwerk" integriert wird. Hierzu führte das Gericht aus:

> *„(…) Eine Bearbeitung oder andere Umgestaltung im Sinne des § 23 UrhG kann auch dann vorliegen, wenn das abhängige Werk das benutzte – wie dies hier der Fall ist – als solches unverändert wiedergibt. Das urheberrechtlich geschützte Werk ist die persönliche geistige Schöpfung im Sinne des § 2 Abs. 2 UrhG. Es ist ein Immaterialgut, das im Werkstück lediglich konkretisiert wird. Es ist deshalb nicht entscheidend, ob für die Bearbeitung das Original oder ein sonstiges Werkstück in seiner Substanz verändert wurde. Bei einer Übernahme eines Werkes ohne jede Änderung wird allerdings regelmäßig eine Umgestaltung des Werkes zu verneinen sein. Eine Bearbeitung ist aber dann anzunehmen, wenn ein geschütztes*

Werk in ein neues „Gesamtkunstwerk" derart integriert wird, dass es als dessen Teil erscheint. Dies ist bei Zugrundelegung der Feststellungen des Landgericht hier der Fall. Nach diesen sind Bild und Rahmen in den beiden Fällen, die Gegenstand des Rechtsstreits sind, schon deshalb nach dem Gesamteindruck ein einheitliches Ganzes, weil die Ausgestaltung der Rahmen jeweils eine Bearbeitung eigenschöpferischer Elemente der Bilder ist. (...)"

Bereits das Oberlandesgericht Koblenz (Urt. v. 18.12.1986, Az. 6 U 1334/85) hat die Verfremdung von Fotografien als Bearbeitung angesehen und die Schutzfähigkeit des durch die Bearbeitung entstehenden Werkes bejaht. Bei der Verfremdung einer Fotografie sei es charakteristisch, dass die fotografischen Vorlagen in dem Gesamtwerk nur eine untergeordnete Rolle spielen, die mit anderen Motiven in Zusammenhang gebracht werde. Weiter führte das Gericht aus:

„(...) Die „Verfremdung" der einzelnen Fotografien, um die es im Streitfall geht, sind als eigenwillige Kompositionen sehr unterschiedlicher Elemente zu werten, wobei die ursprünglichen Motive nur noch Bestandteil eines Gesamtwerkes darstellen und darin wesentlich zurücktreten. (...)

Es kann auf sich beruhen, ob jede eigenschöpferische „Verfremdung" einer Fotografie als Werk der bildenden Kunst oder als Lichtbildwerk anzusehen ist. Die im einzelnen erörterten „Verfremdungen" bei der Herstellung der Gesamtkomposition sind auf jeden Fall als Werke der bildenden Kunst zu werten. Denn ihnen ist charakteristisch, daß die fotografischen Vorlagen in dem Gesamtwerk nur eine untergeordnete, mehr beiläufige Rolle spielen, die mit anderen Motiven in Zusammenhang gebracht werden; so wie alles erscheint, ist die Darstellung unrealistisch. Alle Bildkompositionen zeugen von einer reichen Fantasie des Gestalters und einer ausgeprägten individuellen Sicht; ihm kam es ersichtlich darauf an, etwas Besonderes zum Ausdruck zu bringen. Die Darstellungen regen zum Nachdenken an und eröffnen der eigenen Fantasie des Betrachters zahlreiche Möglichkeiten der Auslegung. (...)"

Wenn jedoch eine Vorlage nur unwesentlich verändert wurde, ist darin keine Bearbeitung oder andere Umgestaltung nach § 23 Abs. 1 UrhG zu sehen, da eine gewisse Schöpfungshöhe erforderlich ist. Ansonsten wäre es nur eine Vervielfältigung nach § 16 UrhG.1

Das Bearbeiterurheberrecht tritt als eigenständiges Urheberrecht neben das Urheberrecht des Herstellers des Originalwerkes, das bearbeitet wurde. Allerdings ist der Bearbeiter nicht frei in der Veröffentlichung und Verwertung der Bearbeitung. Vielmehr dürfen gem. § 23 Abs. 1 S. 1 UrhG Bearbeitungen oder andere Umgestaltungen des Werkes nur mit der Einwilligung des Urhebers des Originalwerkes veröffentlicht oder verwertet werden.

Wenn ein fremdes Foto lediglich als Inspirationsquelle dient, ist es entscheidend, ob das neue Werk einen hinreichenden Abstand zum ursprünglichen Werk hat. Nach § 23 Abs. 1 S. 2 UrhG liegt bei hinreichendem Abstand dann keine Bearbeitung oder Umgestaltung im Sinne des § 23 Abs. 1 S. 1 UrhG vor und handelt sich damit um eine freie Benutzung. Zunächst müsste die Inspirationsquelle selbst ein urheberrechtlich geschütztes Werk sein, ansonsten wäre eine Bearbeitung ohnehin im Vorhinein ausgeschlossen. Ideen, Lehren, Erkenntnisse oder sonstiges Gemeingut sind keine geschützten Werke, sodass diese unbedenklich als Inspirationsquelle genutzt werden können. Auch der Stil oder die Technik, die für das Werk genutzt wurden, sind an sich keine geschützten Werke. Eine Fotografie hingegen ist ein vom Urheberrecht geschütztes Werk. Ein hinreichender Abstand liegt dann vor, wenn man ein völlig selbständiges neues Werk schöpft. Beispielsweise sind Parodien kein selbständiges Werk (vgl. BGH Urt. v. 28.07.2016, Az. I ZR 9/15). Für Parodien, Karikaturen und Pastiches gibt es aber mittlerweile eine eigene ausdrückliche Schrankenregelung in § 51a UrhG – dazu gleich mehr. Zudem darf man sich vom ursprünglichen Werk nur anregen lassen, um ein neues Werk zu schaffen. Dabei darf man dasselbe Thema aufgreifen und sogar Elemente des ursprünglichen Werks nutzen. Es muss aber über ein Umgestalten oder Bearbeiten hinausgehen. Dabei ist der Grad der Individualität bedeutend. Die Rechtsprechung hat die sogenannte Verblassens-Formel entwickelt, nach der ein hinreichender Abstand gegeben ist, wenn nach der Eigenart des neuen Werkes die eigenpersönlichen Züge des älteren Werkes verblassen. Dies soll bezüglich des äußeren Abstandes gelten. Bei einem inneren Abstand ist maßgeblich, ob der Schutzbereich der Bearbeitung betroffen ist. Ob auch eine freie Benutzung nach § 23 Abs. 1 S. 2 UrhG bei bloß innerem Abstand gegeben ist, hat die Rechtsprechung offengelassen. Nach einer Ansicht kann bei bloß innerem Abstand eine freie Benutzung nur nach dem neu eingeführten § 51a UrhG möglich sein. Jedenfalls ist eine Interessenabwägung vorzunehmen und es hängt letztendlich von der Individualität des Werkes ab. Die Rechtsprechung stellt aber strenge Anforderungen an das Vorliegen einer freien Benutzung. Zwar soll dem Urheber nicht die Möglichkeit genommen werden, sich von anderen Werken inspirieren zu lassen, jedoch soll man sich durch die Regelung nicht die eigene Bemühung ersparen.

Wenn sich also ein Fotograf beispielsweise von einem Landschaftsbild dazu inspirieren lässt, die Landschaft selbst zu bereisen und diese auch fotografisch festzuhalten, stellt dies ein Nachschöpfen dar. Wenn der Fotograf eins zu eins das Foto nachstellt, ist das ggfs. zu Übungszwecken gestattet, aber die Verwertung und Verbreitung ist ohne Zustimmung nicht zulässig.

Darüber hinaus ist die rein technische Bearbeitung eines Fotos in aller Regel nicht als Bearbeitung im Sinne des § 3 UrhG zu werten. Als rein technische Bearbeitung ist zum Beispiel das Scannen einer Vorlage oder Retuschieren von kleinen Schönheitsmakeln durch Bildbearbeitungsprogramme sowie die Vergrößerung bzw. Verkleinerung von Fotos zu werten.

Beweis der Urheberschaft

Grundsätzlich muss der Urheber, wenn er sich auf seine Urheberschaft beruft, diese auch beweisen. Gerade im Bereich der digitalen Fotografie ist der Beweis der Urheberschaft häufig schwierig, da Fotos als Dateien beliebig abgespeichert und verbreitet werden können. Daher sieht das Urheberrecht eine Beweiserleichterung in Form einer Vermutung vor. So legt § 10 Abs. 1 UrhG fest:

> *„Wer auf den Vervielfältigungsstücken eines erschienenen Werkes oder auf dem Original eines Werkes der bildenden Künste in der üblichen Weise als Urheber bezeichnet ist, wird bis zum Beweis des Gegenteils als Urheber des Werkes angesehen; dies gilt auch für eine Bezeichnung, die als Deckname oder Künstlerzeichen des Urhebers bekannt ist."*

Durch die gesetzliche Vermutung in § 10 Abs. 1 UrhG kommt es zu einer Beweislastumkehr. Demnach muss die Gegenpartei, die die Urheberschaft bzw. Inhaberschaft der Nutzungsrechte bestreitet, den Beweis führen, dass der Betreffende nicht der Urheber des Fotos ist.

Damit die Vermutung der Urheberschaft greift, müssen verschiedene Voraussetzungen erfüllt sein. Lichtbildwerke nach § 2 Abs. 1 Nr. 5 UrhG sind keine Werke der bildenden Künste, sodass hier nur die erste Alternative des § 10 Abs. 1 UrhG in Betracht kommt. So muss es sich um Vervielfältigungsstücke eines bereits erschienen Werkes handeln. Bislang wurde die bloße Veröffentlichung eines Fotos als nicht ausreichend angesehen. Demnach musste das Werk vielmehr auch in körperlicher Form vervielfältigt und der Öffentlichkeit angeboten werden, um als erschienen zu gelten. Durch die richtlinienkonforme Auslegung von § 10 UrhG kann diese Voraussetzung für die Vermutungswirkung nicht mehr gefordert werden. Ein Erscheinen des Fotos im Sinne des § 6 Abs. 2 UrhG ist nun nicht mehr notwendig. Vielmehr genügt die Veröffentlichung von Vervielfältigungsstücken eines Werkes, auf dem der Urheber bezeichnet ist.

Für die Bezeichnung des Urhebers auf dem Werk ist es nicht erforderlich, dass der vollständige bürgerliche Name des Urhebers angegeben wird. Möglich ist auch die Angabe einer Abkürzung oder eines Deck- oder Künstlernamens. Der Urhebervermerk muss in üblicher Weise erfolgen, das heißt an einer für die Werkart üblichen Stelle. So wird der Urheber bzw. Autor eines Buches regelmäßig auf dem Buchrücken angegeben. Foto- und Bildnachweise in Büchern erfolgen direkt entlang des Randes des Fotos, in unmittelbarer Nähe zum abgedruckten Bild oder einheitlich in einem Verzeichnis am Ende des Buches. Bei Fotografien oder Bildern auf der Titelseite wird der Urhebervermerk meistens auf der zweiten Seite des Buches mit den weiteren Angaben zum Autor und Verlag angebracht.

Bei Bilddateien, die auf einer CD gespeichert sind, genügt als Urheberbezeichnung die Angabe des Urhebers in einer Textdatei auf derselben CD.

So hat das Landgericht Kiel in einem Urteil vom 02.11.2004 (Az. 16 O 112/03) entschieden. Hierzu führt das Gericht aus:

> *„(...) Der Kläger ist auch aktivlegitimiert, denn für seine Urheberschaft an den in Rede stehenden 35 Bilddateien streitet die gesetzliche Vermutung des § 10 Abs. 1 UrhG, die über § 72 UrhG auch dem Lichtbildner zugute kommt. (...)*
>
> *Die zitierte Vorschrift regelt, dass bis zum Beweis des Gegenteils derjenige als Urheber eines Werkes angesehen wird, der auf den Vervielfältigungsstücken eines erschienenen Werkes in der üblichen Weise als Urheber bezeichnet ist. Bei der Beurteilung, ob eine Anbringung »üblich« ist, wird allgemein ein großzügiger Maßstab angelegt, sodass jeder nicht ganz versteckte oder außergewöhnliche Ort, aus dem der Urheber ohne Schwierigkeiten und eindeutig erkennbar ist, ausreichend ist. Vorliegend ist der Kläger in der üblichen Weise als Urheber bzw. Lichtbildner bezeichnet, denn er hat der Gemeinde Großenbrode zwei CDs übergeben, auf denen sich die streitgegenständlichen Bilddateien befanden; bei diesen handelt es sich um Vervielfältigungsstücke im Sinne des § 16 UrhG. Beide CDs enthielten eine Textdatei, die auf das Atelier ATT und auf den Kläger selbst hinwiesen. Zudem befanden sich auf dem Einlageblatt der CD-Box Hinweise auf das Atelier ATT und darüber hinaus auf die Post- und die E-Mail-Adresse des Klägers.(...)"*

Weiter sei es für die Urhebervermutung nicht notwendig, dass jede einzelne auf der CD befindliche Fotodatei mit einem Urhebervermerk versehen werde. So sei etwa im Zusammenhang mit digitalen Tonträgern anerkannt, dass ein Urhebervermerk auf dem Label oder der Hülle ausreiche. Für digitale Bildträger könne insofern nichts anderes gelten.

Darüber hinaus hat die Rechtsprechung weitere Beweiserleichterungen im Hinblick auf die Urheberschaft an digitalen Fotografien anerkannt. So hat das Landgericht München I in einem Urteil vom 21.05.2008 (Az. 21 O 10753/07) verschiedene Umstände anerkannt, die einen Anscheinsbeweis für die Urheberschaft an Digitalfotos liefern. Nach Ansicht des Gerichts spreche ein erster Anschein für die Urheberschaft eines Fotografen an bestimmten Fotos, wenn dieser die Fotos zuvor auf Speichermedien übergeben habe.

> *„(...) War der Kläger aber im Besitz der Fotodateien und hat er sie auf CDs gespeichert dem Beklagten übergeben, spricht ein erster Anschein dafür, dass er diese Fotos auch hergestellt hat. (...)"*

Als weiterer Anscheinsbeweis hat das Landgericht München I den Umstand gewertet, dass der Fotograf eine ganze Serie von zusammenhängenden Fotos im Gerichtsprozess vorlegen konnte. Dies spreche dafür, dass sämtliche Fotos dieser Fotoserie vom dem Fotografen stammen.

> „(...) Schließlich spricht für die Urheberschaft des Klägers auch der Besitz und die Vorlage von Screenshots einzelner Fotos samt dazugehöriger Fotodateien auf einer CD (...), welches – wie sich aus den ähnlichen Motiven, den jeweiligen Lichtverhältnissen und der fortlaufenden Dateibenennung ergibt – neben den beiden streitgegenständlichen Fotos K I 2 und K I 3 weitere Fotos einer zusammengehörigen Fotoserie enthält. Kann ein Fotograf eine ganze Serie von zusammenhängenden Fotos vorlegen, spricht ebenfalls ein erster Anschein dafür, dass sämtliche Fotos dieser Fotoserie von ihm stammen.(...)"

Darüber hinaus hatte der Fotograf die CD, auf der die streitgegenständlichen Fotos gespeichert wurden, mit seinem Namen versehen. Auch diesen Umstand wertete das Gericht als Anzeichen für die Urheberschaft des Fotografen.

> „(...) Ein weiteres Anzeichen für die Urheberschaft des Klägers ergibt sich aus der konkreten Beschriftung der (...) weiteren CD „A. B. 15/11/04 Landschaften T. Golf" gerade mit seinem Namen: Es liegt nahe, dass durch die Nennung eines Namens auf einer CD gerade diejenige Person bezeichnet werden soll, von der die darauf enthaltenen Dateien stammen. (...)"

Weiter erklärte das Gericht, dass die Meta- bzw. - EXIF-Daten zu einer Fotodatei nicht dazu geeignet seien, Anzeichen für die Urheberschaft zu liefern, da diese Daten nachträglich manipuliert werden können. Ebenso sei das Beweisangebot hinsichtlich der „Hot Pixel" aufgrund deren Manipulierbarkeit als Ausforschungsbeweis unzulässig.

> „(...) Wie der Kläger selbst vortrug und was auch gerichtsbekannt ist (vgl. insofern den Eintrag bei Wikipedia unter: http://de.wikipedia.org/wiki/Hotpixel), können diese Hot Pixel durch einen Beschnitt der Fotografie oder „sonstige Manipulation" (also durch entsprechende Software oder aber bereits durch kamerainterne, automatische Korrekturen) entfernt werden; darüber hinaus enthält nicht jede Fotodatei zwingend solche Hot Pixel. Es ist also nicht gesagt – und diese Möglichkeit räumt auch der Kläger im Rahmen seines Beweisantrags ein –, dass die auf den beiden CDs enthaltenen streitgegenständlichen Fotodateien überhaupt solche Hot Pixel enthalten, sodass der Vortrag des Klägers „ins Blaue hinein" erfolgte bzw. sich auf eine bloß vermutete Tatsache ohne greifbare Anhaltspunkte. (...)"

Wenn man jedoch ein Foto ins Internet stellt, liegt eine Vervielfältigungsstück im Sinne des § 10 Abs. 1 UrhG vor. Wenn der Urheber, der eine natürliche Person sein muss, auf der Internetseite angegeben ist, reicht dies für die Vermutung der Urheberschaft aus. Das bestätigte der BGH in seinem Urteil vom 18.09.2014 (Az. I ZR 76/13).

Die bloße Behauptung der Urheberschaft bzw. der Inhaberschaft der ausschließlichen Nutzungsrechte an Fotos reicht dagegen nicht aus. So hat auch das Landgericht Hamburg in einem Urteil vom 29.01.2010 (Az. 308 S 2/09) entschieden. Das Gericht gab der Klage der Klägerin, die die Verletzung der ausschließlichen Nutzungsrechte an 13 Fotos rügte, nicht statt, da keine Beweise dafür vorgelegt wurden, dass es sich bei der Klägerin tatsächlich um die Inhaberin der Nutzungsrechte handelt. Das Landgericht Hamburg führte zur Begründung aus:

„(…) Die Kammer verfügt über keinerlei eigene Kenntnisse darüber, wer die streitgegenständlichen Fotos erstellt hat und ob bzw. inwieweit Nutzungsrechte an diesen Fotos auf Dritte übertragen worden sind. (…)

Der Vortrag der Klägerin im Schriftsatz vom 9.12.2009 ist nicht hinreichend substantiiert. Die Aussage, die Fotografin Frau S. habe der Zeitung E., London, die „entsprechenden Rechte" an den streitgegenständlichen Fotografien „zum Zwecke der Auslands-Lizenzierung" übertragen, stellt nur eine Rechtsfolgenbehauptung dar. Es wäre insoweit ein konkreter Vortrag dazu erforderlich gewesen, wann, wo und durch welche Erklärungen diese Rechtsübertragung stattgefunden habe. Nur dann wären die Beklagte und das Gericht in die Lage versetzt gewesen, zu prüfen, ob die Voraussetzungen für den Eintritt der geltend gemachten Rechtsfolge vorliegen. Gleiches gilt für den weiteren Vortrag der Klägerin, Zeitung E. habe ihr „die ausschließlichen Nutzungsrechte an den Fotografien für die Bundesrepublik Deutschland, Österreich und die Schweiz eingeräumt". Auch hierbei handelt es sich um eine für die Beklagte nicht einlassungsfähige reine Rechtsfolgenbehauptung. (…)"

4.2 Wann ist ein Foto urheberrechtlich geschützt?

Gem. § 11 UrhG schützt das Urheberrecht den Fotografen in seinen geistigen und persönlichen Beziehungen zum Foto und in dessen Nutzung. Durch den Schöpfungsakt, also die Herstellung eines Fotos, tritt automatisch ein urheberrechtlicher Schutz des Fotos zu Gunsten des Fotografen ein, sofern dieser als dessen Urheber angesehen werden kann. Eine spezielle Eintragung oder Anmeldung des Rechts an der Fotografie in einem Register oder bei einer sonstigen Stelle ist für die Entstehung des urheberrechtlichen Schutzes nicht erforderlich. Ebenso ist auch die Anbringung des Copyright-Zeichens für die Entstehung der Urheberrechte an einem Foto nicht notwendig, kann jedoch zu Beweiszwecken der Urheberschaft hilfreich sein.

In diesem Zusammenhang stellt sich die Frage, ob jede Fotografie durch das Urheberrecht geschützt wird. Das Urheberrecht nimmt eine Unterscheidung in Lichtbildwerke und Lichtbilder vor.

Lichtbildwerk

Das Urheberrecht schützt nach § 2 Abs. 1 Nr. 5 UrhG Lichtbildwerke, die eine persönliche geistige Schöpfung darstellen. Lichtbildwerke im Sinne des Gesetzes sind Fotografien, die durch ein Verfahren der Bildaufzeichnung mittels Strahlung hergestellt werden. Ebenfalls geschützt sind Werke, die ähnlich wie Lichtbildwerke geschaffen werden, so dass der Begriff des Lichtbildwerkes grundsätzlich weit auszulegen ist.

Lichtbildwerke kennzeichnen sich dadurch aus, dass sie eine persönliche geistige Schöpfung des Urhebers darstellen. Es muss also eine geistige Leistung des Urhebers vorliegen, die in einem körperlichen Werk zum Ausdruck gebracht wird. Um diese Voraussetzung zu erfüllen, muss das Foto Individualität besitzen und über eine „Durchschnittsfotografie" hinausgehen. Damit ist aber nicht gemeint, dass nur prämierte Fotos als Lichtbildwerke einzustufen sind.

Vielmehr ist ein Lichtbildwerk das Ergebnis aus dem Zusammenspiel verschiedener Faktoren, wie die Auswahl der Kamera, des Motivs, des Objektivs, des Bildausschnitts oder der Blende. Erst die verschiedenen Einstellungen und Handlungen des Fotografen erzeugen die für ein Lichtbildwerk erforderliche Individualität des Fotos. Das Oberlandesgericht Köln (Urt. v. 05.03.1999, Az. 6 U 189/97) hat entschieden, dass bereits in der Auswahl eines bestimmten Motivs eine persönliche geistige Schöpfung nach dem Urheberrecht zu sehen sein kann. Zur Begründung führte das Gericht aus:

> *„(...) Zu Recht ist das Landgericht in Übereinstimmung mit dem Vortrag beider Parteien davon ausgegangen, daß das W.-Foto ein Lichtbildwerk im Sinne des § 2 Absatz 1 Nr. 5 UrhG in Verbindung mit Absatz 2 darstellt und deshalb Urheberrechtschutz genießt. Es hat zutreffend herausgestellt, daß es sich bei dem W.-Foto um eine künstlerische Fotografie und damit um eine persönliche geistige Schöpfung im Sinne von § 2 Absatz 2 UrhG handelt und daß eine solche bereits in der Wahl des Motivs liegen könne. Der Senat folgt dem Landgericht auch in seiner Annahme, daß das Foto die abgebildete Tänzerin in einer ballettuntypischen, individuell gestellten und kein herkömmliches Tanzelement wiedergebenden Pose darstellt. Hinzu kommt der besondere „Ausschnitt", den das W.-Foto zeigt, indem nämlich der Körper des dort abgebildeten Mannes, den die Frau mit ihren Armen und Beinen umklammert, nicht vollständig zu sehen ist. Vielmehr zeichnen die rechtwinklig zur Seite hoch genommenen, ebenso wie der Kopf nicht vollständig zu sehenden, „abgeschnittenen" und balkenförmig wirkenden Arme des Mannes den oberem Bildrand nach. Auch die Beine des Mannes sind nicht vollständig sichtbar und wirken infolge des gewählten Bildausschnittes „abgeschnitten".*

Für die Einstufung eines Fotos als Lichtbildwerk ist es nicht entscheidend, ob es sich bei dem Fotografen um einen Profi oder Hobbyfotografen handelt. Auch auf den Erfahrungs- und Ausbildungsstand oder das Alter und den geistigen Zustand des Fotografen kommt es nicht an. Ebenfalls kommt es nicht auf den Zweck, zu dem die Fotografie hergestellt wurde an, so dass auch Werbe-, Architekturfotografien oder Porträtfotos für Wahlplakate Licht-bildwerke im Sinne des § 2 Abs. 1 Nr. 5 UrhG sein können. Der BGH hat in einem Urteil (v. 03.11.1999, Az. I ZR 55/97) entschieden, dass auch Porträtfotos, die zu Werbezwecken ver-wendet werden, Lichtbildwerke sein können. Die Vorinstanz hatte die Einstufung als Licht-bildwerk abgelehnt, da den Fotos kein besonderes fotografisches Können zu entnehmen sei. Der BGH wies daraufhin, dass es bei der Einstufung als Lichtbildwerk aufgrund der richtlinienkonformen Auslegung des Urheberrechts nicht auf eine besondere Schöpfungs-höhe, sondern nur darauf ankomme, dass es sich um eine persönliche geistige Schöpfung handle. Hierzu führte der BGH aus:

„(…) Das Berufungsgericht hat es abgelehnt, einen Urheberrechtsschutz der Anzeigen aus den verwendeten Fotos herzuleiten. Es ist dabei davon ausgegangen, dass den Fotos urheberrechtlicher Schutz als Lichtbildwerken im Sinne des § 2 Abs. 1 Nr. 5 UrhG nur zukommen könne, wenn sie eine eigenschöpferische Prägung und Gestaltung aufwiesen. Bei einem Gesamtvergleich mit den vorbestehenden Gestaltungen müssten sich schöpferische Eigentümlichkeiten ergeben, die über das Handwerksmäßige und Durchschnittliche deutlich hinausragten. In den Fotos offenbare sich jedoch kein besonderes fotografisches Können.*

*Bei dieser Beurteilung ist das Berufungsgericht von Anforderungen an die Schutzfähigkeit von Fotografien ausgegangen, die jedenfalls seit dem 1. Juli 1995 nicht mehr gelten (…). Nach Art. 6 der Richtlinie sollen Fotografien geschützt werden, wenn sie individuelle Werke in dem Sinne darstellen, dass sie das Ergebnis der eigenen geistigen Schöpfung ihres Urhebers sind (vgl. dazu auch Erwägungsgrund 17 der Richtlinie). Eines besonderen Maßes an schöpferischer Gestaltung bedarf es danach für den Schutz als Lichtbildwerk nicht.(…)“

Dagegen sind Fotokopien oder sonstige fotomechanische Reproduktionen keine Lichtbild-werke im Sinne des § 2 Abs. 1 Nr. 5 UrhG, sondern lediglich Vervielfältigungen im Sinne des § 16 UrhG.

Lichtbilder

Neben Lichtbildwerken nach § 2 Abs. 1 Nr. 5 UrhG schützt das Urheberrecht im Rahmen der verwandten Schutzrechte gem. § 72 UrhG auch Lichtbilder. Als Lichtbilder sind gene-rell jegliche Fotografien geschützt. Also auch solche, die die für die Einordnung als Lichtbildwerk erforderliche persönliche geistige Schöpfung nicht besitzen. Lichtbilder müssen demnach keine besondere Individualität aufweisen, so dass bereits die rein technische Leistung des Fotografen geschützt wird. Als Lichtbilder sind insbesondere „Schnappschüsse" oder Gegenstandsfotos, die lediglich eine Vorlage naturgetreu wiedergeben sollen, zu werten. Hierzu gehören zum Beispiel Fotos, die von Gegenständen erstellt werden, die über eBay verkauft werden sollen, da solche Fotos in der Regel einen rein abbildenden Charakter aufweisen.

Weiter schützt § 72 UrhG auch Erzeugnisse, die ähnlich wie Lichtbilder erzeugt werden. Dazu gehören insbesondere Fotos aus einem Passbildautomaten und Satelliten- oder Luftbildaufnahmen.

Unterscheidung zwischen Lichtbildwerken und Lichtbildern

Letztlich sind nach den bisherigen Ausführungen so ziemlich alle Fotos entweder nach § 2 Abs. 1 Nr. 5 UrhG oder nach § 72 UrhG geschützt. Wozu bedarf es dann eigentlich der Abgrenzung?

Der Unterschied liegt insbesondere bei den unterschiedlichen Schutzfristen. Während der Urheberrechtsschutz bei Lichtbildwerken erst 70 Jahre nach dem Tod des Urhebers erlischt, sind Lichtbilder nur 50 Jahre nach ihrem Erscheinen bzw. der Herstellung geschützt, bevor sie gemeinfrei werden.

Darüber hinaus sind Lichtbildwerke vor dem Nachstellen des Motivs oder einer Bearbeitung durch Dritte stärker geschützt als Lichtbilder. Seit der Einführung des § 68 UrhG sind nämlich die Vervielfältigung gemeinfreier Werke, also auch Lichtbilder nach § 72 UrhG, nicht geschützt.

Aufgrund des umfassenden Schutzes von Fotografien durch das Urheberrecht, machen sich viele Gerichte gar nicht erst die Mühe, eine Unterscheidung vorzunehmen. Vielmehr wird eine genaue Einordnung eines Fotos erst dann relevant, wenn die Schutzfrist für Lichtbilder bereits abgelaufen ist oder es sich um die Vervielfältigung handelt.

4.3 Umfang des Urheberrechts

Nachdem die Frage geklärt wurde, wie Urheberrechte an einem Foto entstehen, ist nun zu klären, welche Rechte das Urheberrecht dem Fotografen gewährt. Das Urheberrecht an einem Foto umfasst die Verwertungsrechte und das Urheberpersönlichkeitsrecht. Die Verwertungsrechte des Urhebers sind in den §§ 15 ff. UrhG geregelt und ermöglichen dem Urheber die wirtschaftliche Nutzung des hergestellten Werkes.

Die für Fotografen wichtigsten Verwertungsrechte sind

- das Vervielfältigungsrecht,
- das Verbreitungsrecht,
- das Ausstellungsrecht,
- das Vortrags-, Aufführungs- und Vorführungsrecht sowie
- das Recht der öffentlichen Zugänglichmachung.

Vervielfältigungsrecht

Das Vervielfältigungsrecht ist in § 16 UrhG aufgeführt und räumt dem Fotografen das Recht ein, von seinem Foto Abzüge oder sonstige Kopien unabhängig von dem Verfahren zur Vervielfältigung und der Anzahl herzustellen. Darüber hinaus kann der Fotograf sein Foto auch durch die Übertragung auf Vorrichtungen zur wiederholbaren Wiedergabe von Bild- und Tonfolgen vervielfältigen. Hierunter fällt zum Beispiel die Herstellung einer CD, die Speicherung eines Fotos auf einem USB-Stick oder auch das Hochladen der Bilddatei ins Internet (vgl. BGH, Urt. v. 18.9.2014, Az. I ZR 76/13).

Das KG Berlin (Urt. v. 24.07.2001, Az. 5 U 9427/99) hat entschieden, dass die Erlaubnis eines Fotografen sein Foto in einer Tageszeitung abzudrucken, nicht gleichzeitig die Erlaubnis umfasst, dieses auch in der Internetausgabe der Zeitung zu verwenden. Die Verwendung des Fotos in der Internetausgabe stelle eine unerlaubte Vervielfältigung des Werkes dar. Zur Begründung führte das KG Berlin aus:

„(...) Jedenfalls ist aber ein Eingriff in das Vervielfältigungsrecht nach § 16 UrhG gegeben. „Vervielfältigung" in diesem Sinne ist jede körperliche Festlegung eines Werks, die geeignet ist, das Werk den menschlichen Sinnen auf irgendeine Weise unmittelbar oder mittelbar wahrnehmbar zu machen. Dazu gehört auch das Speichern eines Programms auf einem Datenträger (Festplatte, Diskette u. ä.), jedenfalls wenn dies dauerhaft erfolgt. Unerheblich ist dabei, ob der Urheber die erste digitale Texterfassung persönlich vorgenommen und damit in diese Form der Vervielfältigung grundsätzlich eingewilligt hat, denn jede erneute digitale Speicherung ist eine „Vervielfältigung". (...)
Demnach speicherte die Beklagte zu 2 die Daten für ihre Internet-Homepage und das Online-Archiv - darüber hinausgehend - selbstständig auf einer Festplatte ab. Damit ist eine „Vervielfältigung" gegeben. (...)
Das vom Kläger (...) der Beklagten zu 1 erteilte Nutzungsrecht umfasste nicht die Nutzung der Fotos (bzw. ihrer Bilddaten) auf einer Internet-Homepage oder in einem elektronischen Archiv. Eine solche Nutzung ist keine unselbstständige, mitumfasste Nutzungsform der Printmediennutzung, die der Beklagten zu 1 unstreitig eingeräumt worden war, sondern eine eigene Nutzungsart. (...)"

Bestätigt wurde dieses Urteil jüngst durch das Landgericht Köln (Urt. v. 18.08.2022, Az. 14 O 350/21). Dieses entschied, dass eine Ferienwohnung nicht auf einem Online-Portal mit dem Bild eines Zimmers beworben werden darf, in dem eine urheberrechtlich geschützte Fototapete angebracht ist. In diesem Fall beschränkten sich die Nutzungsrechte allein auf das Anbringen der Fototapete, umfassten also nicht das Werben mit ihr.

> *„Sind bei der Einräumung eines Nutzungsrechts die Nutzungsarten nicht ausdrücklich einzeln bezeichnet, so bestimmt sich gemäß § 31 Abs. 5 Satz 1 UrhG nach dem von beiden Parteien zugrunde gelegten Vertragszweck, auf welche Nutzungsarten es sich erstreckt. Entsprechendes gilt nach § 31 Abs. 5 Satz 2 UrhG für die Frage, ob ein Nutzungsrecht eingeräumt wird, ob es sich um ein einfaches oder ausschließliches Nutzungsrecht handelt, wie weit Nutzungsrecht und Verbotsrecht reichen und welchen Einschränkungen das Nutzungsrecht unterliegt. Danach räumt der Urheber Nutzungsrechte im Zweifel nur in dem Umfang ein, den der Vertragszweck unbedingt erfordert."*

Das Landgericht Stuttgart hingegen entschied in seinem Urteil vom 25.10.2022 (Az. 17 O 39/22), dass sich eine Zustimmungspflicht des Urhebers nach Treu und Glauben durch ein Inverkehrbringen des Fotos ergeben kann. In bestimmten Einzelfällen und unter Abwägung der widerstreitenden Interessen kann also der Urheber zu einer Zustimmung verpflichtet werden, sodass eine Vervielfältigung durch Dritte zulässig ist. In dem Fall ging es darum, dass ein Eigentümer eines Ferienhauses die Zimmer fotografierte, um auf seiner Internetseite für das Ferienhaus zu werben. Auf den veröffentlichten Fotos der Zimmer war eine Fototapete zu sehen. Die Inhaberin des Fotos auf der Tapete räumte aber dem Unternehmen, das die Fototapete verkaufte, die Nutzungsrechte zum Verkauf der Tapete ein. Sie war aber nicht mit der Veröffentlichung Dritter einverstanden. Laut dem Landgericht Stuttgart sei die Vervielfältigung dennoch zulässig, da man im digitalen Zeitalter damit rechnen müsse und man sich ansonsten widersprüchlich verhalten würde:

> *„(...) Ein Urheber bzw. Rechteinhaber kann – jenseits der Grenzen von S. 57 UrhG – ausnahmsweise dazu verpflichtet sein, einer Verwertung seine Zustimmung nach Treu und Glauben zu erteilen, was die Rechtswidrigkeit der Urheberrechtsverletzung entfallen lässt. Eine solche Zustimmungspflicht setzt voraus, dass die notwendige Abwägung der Interessen von Urheber bzw. Rechteinhaber einerseits und der Interessen des Nutzers andererseits unter Berücksichtigung der Umstände des Einzelfalls ergibt, dass es treuwidrig wäre, wenn sich der Urheber bzw. Rechteinhaber im konkreten Einzelfall auf seine Rechte am Werk berufen würde. Dies ist insbesondere dann der Fall, wenn sich der Urheber bzw. Rechteinhaber durch seine Rechtsausübung in rechtsmissbräuchlicher Art und Weise in Widerspruch zu seinem vorherigen Verhalten setzt. Ein widersprüchliches Verhalten (...) ist rechtsmissbräuchlich, wenn für den anderen Teil ein Vertrauenstatbestand geschaffen worden ist*

oder wenn andere besondere Umstände die Rechtsausübung als treuwidrig erscheinen lassen. (...) Diese Voraussetzungen sind im vorliegenden Fall erfüllt. (...) Ferner ergibt sich aus den Bildern in der Akte, dass die Fototapete ihrem Wesen entsprechend nicht im Mittelpunkt der Aufnahmen steht und klar als solche zu erkennen ist. Im Hinblick auf die soeben geschilderte Nutzung besteht auch ein schutzwürdiges Interesse der Beklagten, die aufgrund des Erwerbs der Fototapete vernünftigerweise davon ausgehen durfte, dass ihr Verhalten von der Einwilligung des Urhebers bzw. Rechteinhabers gedeckt sei und dieser sich nicht in seinen Interessen beeinträchtigt fühlen würde.

Wer Fototapeten mit eigenen Motiven in den Verkehr bringt, muss im Digitalzeitalter grundsätzlich damit rechnen, dass Fotografien des Zimmers mit der Fototapete angefertigt und öffentlich zugänglich gemacht werden. Mit dem früheren Verhalten des Inverkehrbringens der Fototapete ist es grundsätzlich unvereinbar, den Käufer einer solchen Tapete später wegen urheberrechtlicher Verstöße auf Schadensersatz in Anspruch zu nehmen, wenn er Fotos seines eigenen Zimmers veröffentlicht. Etwas anderes mag gelten, wenn die Nutzung der Fototapete über eine naheliegende Verwendung hinausgeht oder die Fototapete nicht mehr als solche zu erkennen ist. (...)"

Dieser Ansicht folgte auch das Landgericht Düsseldorf in seinem Urteil vom 19.04.2023 (Az. 12 O 129/22) und wies darauf hin, dass für diese Rechtsauffassung auch der Rechtsgedanke des § 17 Abs. 2 UrhG spricht, dass das Urheberrecht hinter dem Interesse an der Verkehrsfähigkeit zurücktreten muss.

Es ist daher nur anders zu bewerten, wenn die Fototapete als solche nicht mehr zu erkennen wäre, sondern nur das Fotomotiv vervielfältigt worden wäre.

Verbreitungsrecht

Das Verbreitungsrecht des Urhebers ist in § 17 UrhG geregelt. Hierdurch wird dem Fotografen das Recht eingeräumt, das Original-Foto oder Vervielfältigungsstücke, zum Beispiel Abzüge des Fotos, in der Öffentlichkeit anzubieten oder in Verkehr zu bringen.

Um ein Foto wirtschaftlich zu nutzen, reicht allein dessen Vervielfältigung nicht aus. Vielmehr müssen die Vervielfältigungsstücke auch der Öffentlichkeit angeboten oder in Verkehr gebracht werden.

Ein Foto wird bereits dann der Öffentlichkeit in diesem Sinne angeboten, wenn es tatsächlich nur einer einzigen Person zum Erwerb angeboten wird. So hat der BGH in einem Urteil vom 13.12.1990 (Az. I ZR 21/89) entschieden. In dem zugrunde liegenden Sachverhalt hatte

der Beklagte einer Einzelperson eine Programmliste mit Computerprogrammen zugesendet, die er damit zum Tausch angeboten hat. Der BGH sah bereits in der Versendung der Programmliste ein Angebot im Sinne des § 17 Abs. 1 UrhG, dass einen unerlaubten Eingriff in das Verbreitungsrecht des Urhebers darstellt. Zur Begründung führte das Gericht aus:

> „(...) Die Annahme des LG, der Beklagte habe das von der Klägerin an den streitgegenständlichen Computerprogrammen in Anspruch genommene Verbreitungsrecht nicht verletzt, weil in dem Übersenden einer Programmliste zum Zwecke des Tauschs an eine Einzelperson noch kein "der Öffentlichkeit Anbieten" i. S. des § 17 Abs. 1 UrhG liege, hält der rechtlichen Nachprüfung nicht stand.
>
> Bei einer entsprechenden Anwendung im Rahmen des § 17 Abs. 1 UrhG kann aber, anders als in den Fällen des § 15 Abs. 2 UrhG, für den Begriff der Öffentlichkeit nicht entscheidend darauf abgestellt werden, ob das Werk gegenüber einer Mehrzahl von Personen verwertet wird. Denn anders als bei der Wiedergabe in unkörperlicher Form, bei der ein Wiedergabevorgang (z. B. eine Aufführung, eine Sendung) eine Mehrzahl von Personen erreicht, ist dies bei der Werkverbreitung bezüglich eines einzigen Werkstückes – sei es ein Original oder ein Vervielfältigungsstück – nicht ohne weiteres gegeben. Erfolgt die Verbreitung in der Form des Inverkehrbringens, so ist dies grundsätzlich nur im Wege der Einzelverbreitung der Werkstücke möglich. Das Erfordernis des (öffentlichen) Inverkehrbringens kann daher hier nicht das gleichzeitige Erreichen einer Mehrheit von Personen bedeuten, sondern nur als das Verbreiten in der Öffentlichkeit verstanden werden, also als das Heraustreten des Anbietenden aus der internen Sphäre in die Öffentlichkeit. (...)"

Ein Foto wird in den Verkehr gebracht, wenn mindestens ein Original oder Vervielfältigungsstück der Öffentlichkeit übergeben wird. Die Form der Übergabe ist dabei unerheblich und kann zum Beispiel durch Verkauf, Schenkung oder Vermietung erfolgen. Für die Übergabe an die Öffentlichkeit reicht auch hier die Übergabe des Fotos an eine Einzelperson. Das Merkmal der Öffentlichkeit ist hingegen nicht erfüllt, wenn zu der Person an, die das Foto übergeben wird, eine persönliche zum Beispiel familiäre Beziehung, besteht. Auch das bloße Zeigen genügt für ein Inverkehrbringen nicht aus.

Das Verbreitungsrecht des Urhebers wird durch den Erschöpfungsgrundsatz in § 17 Abs. 2 UrhG beschränkt. Demnach erlischt das Verbreitungsrecht des Fotografen an dem Original oder einem Vervielfältigungsstück, wenn er es durch Veräußerung in den Verkehr gebracht hat. Der Wortlaut des § 17 Abs. 2 UrhG lautet wie folgt:

> „Sind das Original oder Vervielfältigungsstücke des Werkes mit Zustimmung des zur Verbreitung Berechtigten im Gebiet der Europäischen Union oder eines anderen Vertragsstaates des Abkommens über den Europäischen

Wirtschaftsraum im Wege der Veräußerung in Verkehr gebracht worden, so ist ihre Weiterverbreitung mit Ausnahme der Vermietung zulässig."

Hintergrund des Erschöpfungsgrundsatzes ist der Gedanke, dass die Rechte des Urhebers an der Verbreitung nicht über die erstmalige Verbreitung (Recht zur Erstverbreitung) des Werkes oder eines Vervielfältigungsstückes hinausgehen kann. Allerdings greift der Erschöpfungsgrundsatz nur bei Werkexemplaren ein, die durch Veräußerung in den Verkehr gebracht wurden. Die unentgeltliche Abgabe ist davon nicht betroffen. Liegen die Voraussetzungen für eine Erschöpfung des Verbreitungsrechts des Urhebers vor, kann der Erwerber das Werkstück beliebig veräußern, verschenken oder verleihen. Jedoch bezieht sich die Erschöpfung immer nur auf das konkrete Werkstück, welches durch den Berechtigten oder mit dessen Zustimmung in den Verkehr gebracht wurde. Der Erwerber darf also nur das bestimmte Werkstück selbst veräußern, aber nicht vervielfältigen und dann veräußern. Die Vermietung des Werkstücks durch den Erwerber ist allerdings gem. § 17 Abs. 2 UrhG ausdrücklich ausgeschlossen.

Ist die Erschöpfung des Verbreitungsrechts eingetreten, kann der Urheber auch nicht gegen die Art und Weise der Vermarktung der einmal in Verkehr gebrachten Werkexemplare vorgehen. So hat das KG Berlin (Urt. v. 26.01.2001, Az. 5 U 4102/99) entschieden. Ein Pralinenhersteller hatte Postkarten, die mit einem Bild des Fotografen bedruckt waren, gemeinsam mit Pralinenschachteln verkauft, wogegen sich der Fotograf zur Wehr gesetzt hatte. Das Gericht lehnte den Unterlassungsanspruch des Fotografen ab, da dessen Verbreitungsrecht durch das vorherige entgeltliche Inverkehrbringen bereits erschöpft sei. Zur Begründung führte das KG Berlin an:

„(...) Dass die von der Gemeinschuldnerin gewählte Form des weiteren Vertriebs mit der Beschränkung nicht in Einklang steht, führt zu keinem anderen Ergebnis. Denn in diesen weiteren Vertrieb des Werkstücks soll der Rechteinhaber nicht eingreifen können, da sonst der freie Warenverkehr in unerträglicher Weise behindert würde. Der BGH hat ausdrücklich ausgesprochen, dass nach dem Erschöpfungsgrundsatz der urheberrechtliche Verbrauch des Verbreitungsrechts allein davon abhängt, ob der Rechteinhaber dem (ersten) Inverkehrbringen durch Veräußerung zugestimmt hat. Auf die Art und Weise der weiteren Nutzung braucht sich die Zustimmung nicht zu erstrecken. Vielmehr wird das Werkexemplar, wenn die erste Veräußerung mit Zustimmung erfolgt ist, für jede Weiterverbreitung frei. Dies dient den Interessen der Verwerter und der Allgemeinheit an der Verkehrsfähigkeit der in den Verkehr gebrachten. Dies folgt daraus, dass der Urheber mit der Veräußerung die Herrschaft über das Werkexemplar aufgibt. Er gibt es zur weiteren Benutzung frei. Seinem verwertungsrechtlichen Interesse ist in der Regel genügt, wenn er bei der ersten Verbreitungshandlung die Möglichkeit gehabt hat, seine Zustimmung von der Zahlung eines Entgelts abhängig zu machen. (...)"

Ausstellungsrecht

§ 18 UrhG räumt dem Urheber ein Ausstellungsrecht ein:

„*Das Ausstellungsrecht ist das Recht, das Original oder Vervielfältigungsstücke eines unveröffentlichten Werkes der bildenden Künste oder eines unveröffentlichten Lichtbildwerkes öffentlich zur Schau zu stellen.*"

Bei dem Ausstellungsrecht handelt es sich um eine besondere Ausprägung des Veröffentlichungsrechts. Hierdurch wird festgelegt, dass die Entscheidung, die unveröffentlichten Fotos der Öffentlichkeit zu präsentieren, nur dem Urheber zusteht. Bei einer Ausstellung kann ein Werk durch die Öffentlichkeit in körperlicher Form unmittelbar wahrgenommen werden, das heißt es bedarf keiner weiteren technischen Hilfsmittel, um das Werk der Öffentlichkeit sichtbar zu machen (zum Beispiel Diashow). Die Norm erstreckt sich ausdrücklich nicht auf Ausstellungen in digitaler Form, sondern setzt die Ausstellung körperlicher Werke voraus.

Das Ausstellungsrecht steht dem Urheber nur so lange zu, bis er das betreffende Foto veröffentlicht hat. So hat das Landgericht Köln in einem Urteil vom 14.05.2008 (Az. 28 O 582/07) entschieden, dass durch die Verwendung von Fotografien als Wanddekoration in einem Restaurant nicht das Ausstellungsrecht des Fotografen verletzt werde, da die Fotografien bereits zuvor in mehreren Bildbänden veröffentlicht wurden. So erklärte das Gericht:

„*(…) Eine Verletzung des Ausstellungsrechts, § 18 UrhG, liegt bereits nach dem Wortlaut der Vorschrift und unter Berücksichtigung des eigenen Vortrags des Klägers nicht vor. Denn von § 18 UrhG ist nur das bis dahin unveröffentlichte Werk erfasst. Daran fehlt es aber, weil der Kläger selbst zur Stützung seiner Aktivlegitimation vorträgt, die Bilder seien bereits in einem bzw. mehreren Bildbänden erschienen. Veröffentlicht ist ein Werk aber bereits mit dieser Erstveröffentlichung, ungeachtet dessen, ob dies in körperlicher oder unkörperlicher Form geschieht. (…)*"

Eingeschränkt wird das Ausstellungsrecht durch § 44 Abs. 2 UrhG. Dort heißt es:

„*Der Eigentümer des Originals eines Werkes der bildenden Künste oder eines Lichtbildwerkes ist berechtigt, das Werk öffentlich auszustellen, auch wenn es noch nicht veröffentlicht ist, es sei denn, daß der Urheber dies bei der Veräußerung des Originals ausdrücklich ausgeschlossen hat.*"

Der Urheber des Originalwerks verliert also sein Ausstellungsrecht meistens durch fehlenden Ausschluss mit der Veräußerung.

Weitere Verwertungsrechte

Als weitere Verwertungsrechte sind das Vortrags-, Aufführungs- und Vorführungsrecht, die in § 19 UrhG geregelt sind, zu nennen. Allerdings ist für den Bereich der Fotografie lediglich das Vorführungsrecht aus § 19 Abs. 4 UrhG relevant:

> *„Das Vorführungsrecht ist das Recht, ein Werk der bildenden Künste, ein Licht-bildwerk, ein Filmwerk oder Darstellungen wissenschaftlicher oder technischer Art durch technische Einrichtungen öffentlich wahrnehmbar zu machen. Das Vorführungsrecht umfaßt nicht das Recht, die Funksendung oder öffentliche Zugänglich-machung solcher Werke öffentlich wahrnehmbar zu machen (§ 22).“*

Während es bei dem Ausstellungsrecht darum geht ein Foto in seiner körperlichen Form für die Öffentlichkeit erfahrbar zu machen, wird das Foto bei einer Vorführung durch technische Hilfsmittel zum Beispiel im Rahmen einer Diashow auf unkörperlicher Weise wahrnehmbar gemacht.

Das Recht der öffentlichen Zugänglichmachung ist in § 19a UrhG geregelt. Demnach steht es dem Urheber frei, ob er sein Werk drahtgebunden oder drahtlos der Öffentlichkeit in einer Weise zugänglich macht, so dass es Mitgliedern der Öffentlichkeit von Orten und zu Zeiten ihrer Wahl zugänglich ist. Hierdurch kann der Fotograf insbesondere festlegen, ob er die Veröffentlichung seiner Fotos über das Internet wünscht oder nicht.

Urheberpersönlichkeitsrechte

Neben den Verwertungsrechten schützt das Urheberrecht den Urheber auch durch die Urheberpersönlichkeitsrechte, die in den §§ 12 ff. UrhG geregelt sind. Hierzu gehören das Veröffentlichungsrecht, das Recht auf Anerkennung der Urheberschaft sowie der Schutz vor Entstellungen des Werkes. Durch die Urheberpersönlichkeitsrechte werden die ideellen und persönlichen Belange des Urhebers im Hinblick auf sein Werk geschützt. Die Urheber-persönlichkeitsrechte sind eine besondere Ausprägung des in Art. 2 Abs. 1 GG i.V.m. Art. 1 Abs. 1 GG verankerten allgemeinen Persönlichkeitsrechts.

Das Veröffentlichungsrecht ist in § 12 UrhG geregelt und räumt dem Urheber das Recht ein zu bestimmen, ob und wie sein Werk zu veröffentlichen ist. Die Rechtsinhaberschaft ist wie jedes Urheberpersönlichkeitsrecht nicht übertragbar. Die Schutzrichtung ist eindeutig: Häufig bringt der Urheber in seinem Werk eigene Ansichten mehr oder wenig offensicht-lich zum Ausdruck. Dementsprechend steht auch nur ihm die Entscheidung zu, ob er sein Werk und somit auch einen Teil seiner Persönlichkeit der Öffentlichkeit präsentieren möchte oder nicht. Wurde ein Foto einmal vom Fotografen veröffentlicht, ist das Veröf-fentlichungsrecht erschöpft, das heißt es können weitere Veröffentlichungen in der Regel nicht untersagt werden.

Darüber hinaus regelt § 12 UrhG, dass es dem Urheber vorbehalten ist, den Inhalt seines Werkes öffentlich mitzuteilen oder zu beschreiben, solange weder das Werk noch der wesentliche Inhalt oder eine Beschreibung des Werkes mit seiner Zustimmung veröffentlicht wurde.

Das Recht auf Anerkennung der Urheberschaft ist in § 13 UrhG statuiert:

> *„Der Urheber hat das Recht auf Anerkennung seiner Urheberschaft am Werk. Er kann bestimmen, ob das Werk mit einer Urheberbezeichnung zu versehen und welche Bezeichnung zu verwenden ist."*

Die Vorschrift gewährt dem Urheber gleich zwei unabhängige Ansprüche. Zum einen das Recht, dass seine Urheberschaft an dem Werk anerkannt wird, zum Beispiel wenn sich ein Dritter das Werk zu eigen macht. Zum anderen wird festgelegt, dass es in der Entscheidung des Urhebers steht, ob er sein Werk mit einer Urheberbezeichnung versehen möchte sowie die Art der Bezeichnung.

Gerade im Bereich der Fotografie ist die Urheberbenennung schon zu Beweiszwecken stets sinnvoll. Allerdings ist nach Ansicht des Landgericht Kiel (Urt. v. 02.11.2004, Az. 16 O 112/03) bei digitalen Fotos die Angabe des Urhebers in einer Textdatei ausreichend, wenn sich diese auf derselben CD befindet wie die Bilddateien. Hierzu führt das Gericht aus:

> *„(...)Beide CDs enthielten eine Textdatei, die auf das Atelier ATT und auf den Kläger selbst hinweisen. Zudem befanden sich auf dem Einlageblatt der CD-Box Hinweise auf das Atelier ATT und darüber hinaus auf die Post- und die E-Mail-Adresse des Klägers.(...)"*

Weiter sei es für die Urhebervermutung nicht notwendig, dass jede einzelne auf der CD befindliche Fotodatei mit einem Urhebermerk versehen werde. So sei etwa im Zusammenhang mit digitalen Tonträgern anerkannt, dass ein Urhebervermerk auf dem Label oder der Hülle ausreiche. Für digitale Bildträger könne insofern nichts anderes gelten.

§ 14 UrhG bietet dem Urheber Schutz vor Entstellungen seines Werkes durch Dritte. Demnach hat der Urheber das Recht, eine Entstellung oder andere Beeinträchtigung seines Werkes zu verbieten, die geeignet ist, seine berechtigten geistigen oder persönlichen Interessen am Werk zu gefährden. Durch die Vorschrift kann sich der Urheber gegen jegliche Verfälschung oder Verstümmlung seines Werkes durch einen Dritten zur Wehr setzen. Dabei ist es unerheblich, ob das Werk durch die entstellenden Maßnahmen verbessert oder verschlechtert wird. Vielmehr muss der Urheber keinerlei Maßnahmen hinnehmen, die die Wesenszüge seines Werkes verfälschen und somit auch seine Beziehung zum Werk beeinträchtigen.

4.4 Gesetzliche Ausnahmen

Möchte man ein fremdes urheberrechtlich geschütztes Bild oder Teile davon übernehmen, so benötigt man hierfür grundsätzlich eine urheberrechtliche Lizenz – dazu mehr im nächsten Kapitel. Doch es gibt auch gesetzliche Ausnahmen, bei denen eine solche Lizenz nicht erforderlich ist. Sind die Voraussetzungen hierfür erfüllt, können die fremden Werke genutzt werden, ohne den Urheber zu fragen. Wichtig sind für Fotografen insbesondere folgende zwei Ausnahmen:

Das Zitatrecht, § 51 UrhG

Zur Förderung der Wissenschaft und Forschung – und letztlich zur Verwirklichung der Meinungsfreiheit – gestattet das Urheberrecht die Zitierfreiheit. Man kann nach § 51 UrhG das Werk frei nutzen, sofern Art und Umfang der Nutzung dem besonderen Zitatzweck dienen. Wichtig ist, dass einem Zitat nur eine Belegfunktion zukommt, das heißt es dient nur der Unterstützung eines eigenen eigenständigen Werkes. Bloßes Kopieren mit Quellenangabe reicht nicht aus, um in den Genuss der Zitierfreiheit zu gelangen. Das Zitat kann also niemals allein stehen, sondern muss in ein eigenständiges Werk eingearbeitet werden. Somit ergeben sich drei Grundvoraussetzungen für ein zulässiges Zitat:

1. Es muss in ein selbstständiges Werk übernommen werden.
2. Es muss dem besonderen Zitatzweck dienen, also als Beleg oder Erläuterung für etwas.
3. Es muss sich im erforderlichen Umfang bewegen. Für das Zitat von Fotos oder Videoausschnitten bedeutet das: Man darf das Original nur in dem Umfang zeigen, in dem es nötig ist, um sich mit dem Zitierten inhaltlich auseinanderzusetzen.

Im Falle von Bildzitaten, also der Übernahme von Lichtbildwerken bzw. Lichtbildern in ein neues eigenständiges Werk, sind die einzuhaltenden Anforderungen hoch und kompliziert. Denn im Gegensatz zu einem Textzitat übernimmt man nicht nur Passagen, sondern ein ganzes Foto und damit das gesamte Werk. Mit dieser höheren Belastung für den Urheber gehen höhere Anforderungen an das Zitat einher. Die Grenzen des Erlaubten sind schnell erreicht. Deswegen ist eine Berufung auf das Zitatrecht in den seltensten Fällen erfolgreich.

Derjenige, der sich auf das Zitatrecht berufen möchte, muss darlegen, dass das Zitieren gerade dieses speziellen Fotos bzw. Videoausschnitts notwendig war.Dafür ist erforderlich, dass das Zeigen des Bildes notwendig ist, um sich mit dem Zitierten inhaltlich auseinanderzusetzen – fremde Bilder nur zu zeigen, um etwas zu veranschaulichen oder zu dekorieren, reicht nicht. Dieser Nachweis wird zum Beispiel bei Motiven, die tausendfach

fotografiert wurden (zum Beispiel Sehenswürdigkeiten) nicht gelingen, da hier irgendein Bild verwendet werden kann und es nicht ein spezielles Foto sein muss. Wenn es nur um die Veranschaulichung von etwas geht, könnte man das Foto selbst schießen, ein alternatives Bildmotiv wählen oder eben die Nutzungsrechte (Lizenzen) erwerben. Die Übernahme von Bildern als sogenanntes Bildzitat ist nur in engen Grenzen möglich und birgt gefährliche Fallstricke, die im Detail liegen. In aller Regel gelingt die Entlastung mit dem Hinweis auf ein Bildzitat nicht.

Parodie, Karikatur oder Pastiche, § 51a UrhG

Auch bei einer Berufung auf das Vorliegen einer Parodie, Karikatur oder Pastiche ist die Rechtslage nicht ganz unproblematisch, da der § 51a UrhG erst 2021 eingeführt wurde und es noch kaum Rechtsprechung dazu gibt. Die neue Regelung lautet wie folgt: „Zulässig ist die Vervielfältigung, die Verbreitung und die öffentliche Wiedergabe eines veröffentlichten Werkes zum Zweck der Karikatur, der Parodie und des Pastiches."

Was eine Karikatur oder Parodie ist, lässt sich noch dem Wortlaut nach erschließen – hier geht es um die satirische, humoristische oder verspottende Auseinandersetzung mit einem vorbestehenden Werk.

Doch was ist mit Pastiche gemeint? In der Gesetzesbegründung zum neuen Urheberecht werden als Beispiele für ein Pastiche „Remix, Meme, GIF, Mashup, Fan Art, Fan Fiction, Cover oder Sampling" genannt. In einem früheren Entwurf war etwas ausführlicher der Versuch einer Definition zu lesen: „Der Pastiche muss eine Auseinandersetzung mit dem vorbestehenden Werk oder einem sonstigen Bezugsgegenstand erkennen lassen. Anders als bei Parodie und Karikatur, die erfordern, kann diese beim Pastiche auch einen Ausdruck der Wertschätzung oder Ehrerbietung für das Original enthalten, etwa als Hommage." Die Gesellschaft für Freiheitsrechte hat in einem Gutachten von 2022 folgende Definition gefunden: Pastiche sei danach „ein eigenständiges kulturelles und/oder kommunikatives Artefakt, das sich an die eigenschöpferischen Elemente veröffentlichter Werke Dritter anlehnt und sie erkennbar übernimmt".

Als Fazit lässt sich für die Praxis sagen: Die Pastiche erlaubt danach ausdrücklich die Übernahme fremder Werke oder Werkteile, egal zu welchem Zweck und in welchem Kontext – Hauptsache, sie setzt sich kreativ mit einem vorbestehenden Werk auseinander. Wichtig ist dabei allerdings, dass im Rahmen einer Abwägung von Rechten und Interessen der Urheber und der Nutzer ein angemessener Ausgleich gewahrt bleiben. Man muss also danach schauen, ob der Urheber nicht zu sehr benachteiligt wird durch die Übernahme seiner Werk(teile). Und dass nur so viel übernommen wird, wie für die Erreichung des Zwecks erforderlich ist.

5. Urhebervertragsrecht

Das Urheberrecht an einem Foto kann nicht als Ganzes auf einen Dritten übertragen werden. Es kann allerdings gem. § 28 Abs. 1 UrhG vererbt werden. Um seine Fotos zu verwerten und damit wirtschaftlich zu nutzen, kann der Fotograf gem. § 31 Abs. 1 UrhG die Nutzungsrechte an seinen Fotos einem Dritten einräumen:

> *„Der Urheber kann einem anderen das Recht einräumen, das Werk auf einzelne oder alle Nutzungsarten zu nutzen (Nutzungsrecht). Das Nutzungsrecht kann als einfaches oder ausschließliches Recht sowie räumlich, zeitlich oder inhaltlich beschränkt eingeräumt werden.“*

Zur Einräumung von Nutzungsrechten an einem Foto schließt der Fotograf mit dem jeweiligen Verwerter (zum Beispiel Agentur, Verlag oder Privatperson) einen Vertrag. Kommt es im Rahmen des Vertragsverhältnisses zu Leistungsstörungen, sind grundsätzlich die allgemeinen zivilrechtlichen Bestimmungen je nach Art des Vertragstyps einschlägig.

5.1 Vertragsschluss

Ein Vertrag kommt zwischen den Vertragsparteien zustande, wenn diese übereinstimmende Willenserklärungen abgeben, also zum Ausdruck bringen, dass sie ins Geschäft kommen wollen. Häufig trifft man den Irrglauben an, dass ein bindender Vertrag nur dann vorliegt, wenn dieser schriftlich verfasst wurde. Ein Vertrag zwischen Fotografen und Auftraggeber kann sowohl in mündlicher oder schriftlicher Form zustande kommen. Darüber hinaus ist ein Vertragsschluss auch konkludent möglich. Ein konkludenter Vertragsschluss kommt dann zustande, wenn die Parteien sich zwar weder schriftlich noch mündlich über den Kauf eines bestimmten Fotos einigen, sich aber schlüssig verhalten. So kommt es zu einem konkludenten Vertragsschluss, wenn der Fotograf einige Fotos ungefragt einer Werbeagentur zuschickt und diese die Fotos im Rahmen ihrer Arbeit verwendet.

Je nach Inhalt des Vertrages kann es sich um einen Kauf- oder Werkvertrag bzw. Vertrag eigener Art handeln.

Nur in bestimmten Fällen schreibt das Urhebervertragsrecht die Schriftform für den Vertrag über die Einräumung von Nutzungsrechten vor (vgl. §§ 31a, 40 Abs. 1 UrhG). Dennoch ist es ratsam solche Verträge immer schriftlich zu fixieren. Kommt es zu Streitigkeiten über den Inhalt des Vertrages kann ein schriftlich geschlossener Vertrag zu Beweiszwecken unerlässlich sein.

5.2 Vertragsinhalt

Verträge über die Einräumung von Nutzungsrechten sollten so detailliert wie möglich die Leistungspflichten der einzelnen Parteien bezeichnen. Bei der Vertragsgestaltung ist vor allem zu berücksichtigen, ob es um die Herstellung neuer Fotos nach Kundenwusch geht oder die Einräumung von Nutzungsrechten an bereits bestehenden Fotos erfolgen soll. So ist bei einem Vertrag über die Herstellung neuer Fotos genau aufzuführen, welche Fotos der Fotograf anzufertigen hat. Hier sind insbesondere Ausführungen zu den gewünschten Motiven und den zu verwendenden Materialien sowie der Art der Herstellung zu machen. Geht es dagegen um die Einräumung von Nutzungsrechten an bereits bestehenden Fotos, ist vor allem zu konkretisieren, in welcher Anzahl und Form dem Kunden welche Fotos zur Verfügung gestellt werden.

§ 31 UrhG in Abs. 2 und 3 unterscheidet zwischen der Einräumung eines einfachen oder ausschließlichen Nutzungsrechts:

> „(2) Das einfache Nutzungsrecht berechtigt den Inhaber, das Werk auf die erlaubte Art zu nutzen, ohne dass eine Nutzung durch andere ausgeschlossen ist.

> (3) Das ausschließliche Nutzungsrecht berechtigt den Inhaber, das Werk unter Ausschluss aller anderen Personen auf die ihm erlaubte Art zu nutzen und Nutzungsrechte einzuräumen. Es kann bestimmt werden, dass die Nutzung durch den Urheber vorbehalten bleibt. § 35 bleibt unberührt."

Daher ist im Vertrag deutlich zu regeln, ob dem Verwerter ein einfaches oder ausschließliches Nutzungsrecht eingeräumt wird.

Darüber hinaus sollten auch der Nutzungszweck sowie die Dauer festgelegt und beschrieben werden. So kann der Fotograf bestimmen, dass die Fotos nur im Rahmen einer bestimmten Werbekampagne für die Dauer von drei Monaten verwendet werden dürfen. In diesem Zusammenhang kann auch geregelt werden, ob die Nutzungsrechte an einem Foto dem Auftraggeber exklusiv zustehen sollen, der Fotograf die Nutzungsrechte an dem Foto also keinem anderen Dritten übertragen darf.

Weiterer wesentlicher Bestandteil eines Vertrages über die Einräumung von Nutzungsrechten an einem Foto ist die Vergütungspflicht des Auftraggebers für die Nutzung des Fotos. Die Honorarhöhe wird zwischen den Vertragsparteien vereinbart. Allerdings schreibt § 32 Abs. 1 UrhG eine angemessene Vergütung für die Rechteeinräumung vor:

> „*Der Urheber hat für die Einräumung von Nutzungsrechten und die Erlaubnis zur Werknutzung Anspruch auf die vertraglich vereinbarte Vergütung. Ist die Höhe der Vergütung nicht bestimmt, gilt die angemessene Vergütung als vereinbart. Soweit*

die vereinbarte Vergütung nicht angemessen ist, kann der Urheber von seinem Vertragspartner die Einwilligung in die Änderung des Vertrages verlangen, durch die dem Urheber die angemessene Vergütung gewährt wird."

Wann eine Vergütung angemessen im Sinne des Gesetzes ist, versucht Abs. 2 näher zu konkretisieren. Demnach ist die Vergütung unter anderem dann angemessen, wenn sie im Zeitpunkt des Vertragsschlusses dem entspricht, was im Geschäftsverkehr nach Art und Umfang der eingeräumten Nutzungsmöglichkeit, insbesondere nach Dauer und Zeitpunkt der Nutzung, unter Berücksichtigung aller Umstände üblicher- und redlicherweise zu leisten ist.

Ist eine Vergütung nicht angemessen, so hat der Fotograf einen Anspruch auf Vertrags-anpassung und somit Zahlung der angemessenen Vergütung. Weiter sollte im Vertrag festgelegt werden, wann die Vergütung fällig und vom Auftraggeber zu zahlen ist.

Gerade bei Verträgen über die Herstellung neuer Fotos ist zu berücksichtigen, ob sich die Arbeiten über einen längeren Zeitraum ziehen, so dass gegebenenfalls Abschlags- bzw. Teilzahlungen zu vereinbaren sind. Darüber hinaus ist zu regeln, welche Vertragspartei die Herstellungskosten der Fotos zu tragen hat. Zu den Herstellungskosten, die streng von der Vergütung des Fotografen zu unterscheiden sind, gehören unter anderem Reisekosten, Mietzahlungen für bestimmte Locations oder Honorare für Models.

Ebenso sollte zwingend zum Vertragsinhalt gehören, welche Vertragspartei für die Freiheit der Fotos von Rechten Dritter einzustehen hat. Also insbesondere, ob der Fotograf im Falle einer Persönlichkeitsrechtsverletzung der abgebildeten Person, für die Kosten der Rechts-verletzung aufkommen muss.

Weiter sollte im Vertrag geregelt werden, wem das Eigentum an dem Bildmaterial zusteht und in welcher Form eine Urheberbezeichnung bei Veröffentlichung der Fotos zu erfolgen hat.

5.3 Rückrufsrechte

Das Urhebervertragsrecht regelt zugunsten des Urhebers verschiedene Rückrufsrechte. So hat der Urheber die Möglichkeit gem. § 41 UrhG das ausschließliche Nutzungsrecht an einem Foto zu widerrufen, wenn der Auftraggeber das Recht nicht oder nur unzureichend ausübt. Allerdings müssen durch die Nichtausübung berechtigte Interessen des Urhebers erheblich verletzt werden und dieser darf für die Nichtausübung nicht verantwortlich sein. Die Ausübung des Rückrufrechts ist erst nach Ablauf von zwei Jahren nach Einräumung der Nutzungsrechte möglich. Außerdem hat der Urheber gem. § 41 Abs. 3 UrhG eine angemessene Frist zu setzen, in der der Inhaber der Nutzungsrechte dessen Ausübung nachkommen kann.

Darüber hinaus kann der Urheber die Einräumung der Nutzungsrechte gem. § 42 UrhG wegen gewandelter Überzeugung widerrufen:

> *„Der Urheber kann ein Nutzungsrecht gegenüber dem Inhaber zurückrufen, wenn das Werk seiner Überzeugung nicht mehr entspricht und ihm deshalb die Verwertung des Werkes nicht mehr zugemutet werden kann. (...)"*

Ein solcher Rückruf ist zum Beispiel möglich, wenn der Urheber einen konsequenten und dauerhaften Wandel in seiner politischen Überzeugung vollzogen hat. Allerdings hat der Urheber den Inhaber der Nutzungsrechte angemessen zu entschädigen.

Weiter ist ein Rückruf des Nutzungsrechts nach § 34 Abs. 3 UrhG möglich, wenn die Nutzungsrechte im Rahmen einer Unternehmensveräußerung auf einen neuen Erwerber übergegangen sind und die Ausübung der Nutzungsrechte durch den Erwerber dem Urheber nicht zumutbar ist.

6. Konsequenzen einer Urheberrechtsverletzung

Gerade im Internet ist es schnell passiert: Man möchte die noch neu eingepackte Kaffeemaschine, die man zu Weihnachten geschenkt bekommen hat, schnell über eBay verkaufen, weil sie leider gar nicht gefällt. Und da man weiß, dass die Verkaufschancen im Internet höher sind, wenn dem Angebot auch ein Foto beigefügt ist, sucht man eben ein Bild der Kaffeemaschine im Internet zum Beispiel über die Google-Bildersuche. Schnell gemacht und schon ist das eBay-Angebot komplett. Verfährt man derart, hat man in aller Regel durch die Verwendung des Fotos von der Kaffeemaschine eine Urheberrechtsverletzung begangen.

Denn der Urheber des Fotos, entweder der Fotograf oder zum Beispiel der Hersteller der Kaffeemaschine, der sich die ausschließlichen Nutzungsrechte hat einräumen lassen, hat der Verwendung im eBay-Angebot wahrscheinlich nicht zugestimmt. Durch die unberechtigte Verwendung des Fotos werden dessen Urheberrechte verletzt. Das Urheberrecht räumt dem Urheber verschiedene Ansprüche ein, die er im Falle einer Rechtsverletzung geltend machen kann. Diese Ansprüche werden im Folgenden erläutert.

6.1 Unterlassungsanspruch

Das Urheberrecht räumt dem Rechteinhaber in § 97 Abs. 1 UrhG einen Unterlassungsanspruch ein:

> „Wer das Urheberrecht oder ein anderes nach diesem Gesetz geschütztes Recht widerrechtlich verletzt, kann von dem Verletzten (…) bei Wiederholungsgefahr auf Unterlassung in Anspruch genommen werden. Der Anspruch auf Unterlassung besteht auch dann, wenn eine Zuwiderhandlung erstmalig droht."

Voraussetzung für einen Unterlassungsanspruch ist demnach, dass eine widerrechtliche Rechtsverletzung vorliegt und zudem eine Wiederholungsgefahr besteht. Eine Urheberrechtsverletzung an einem Foto oder Bild ist immer dann gegeben, wenn der Urheber der Verwendung nicht zugestimmt hat und der Betreffende auch kein Recht zur Verwendung hat. In diesem Zusammenhang hält sich der Irrglaube beständig, dass die ungefragte Verwendung eines Fotos für nicht kommerzielle und private Zwecke stets zulässig sei. Das stimmt jedoch nicht. Vielmehr kommt es auf den Zweck, für den das Foto verwendet werden soll, nicht an. Hat man keine entsprechenden Rechte, ist der Urheber immer vor der Verwendung, um Erlaubnis zu fragen.

Für die Widerrechtlichkeit einer Urheberrechtsverletzung ist es nicht notwendig, dass den Verletzer ein Verschulden trifft. Vielmehr liegt eine Urheberrechtsverletzung auch dann vor, wenn dem Betreffenden gar nicht bewusst ist, dass er fremde Rechte verletzt. Ein solcher Fall kann zum Beispiel vorliegen, wenn der Betreffende das Recht an einem Foto für die Verwendung auf einem Flyer von einer Bildagentur erworben hat, die die entsprechenden Rechte jedoch nicht inne hat.

Zudem ist eine Wiederholungsgefahr erforderlich. Der Urheber muss sich also der Gefahr ausgesetzt sehen, dass der Betreffende seine Rechte erneut verletzen wird und es nicht bei einer einmaligen Verletzung bleibt. Die Gerichte gehen in der Regel bereits bei einmaliger Rechtsverletzung von einer Wiederholungsgefahr aus, da nach begangener Rechtsverletzung weitere vermutet werden können. Die Wiederholungsgefahr kann in den meisten Fällen durch die Abgabe einer strafbewehrten Unterlassungserklärung, die eine Vertragsstrafe für den Fall der Zuwiderhandlung enthält, gegenüber dem Rechteinhaber ausgeräumt werden.

Weiter räumt § 97 Abs. 1 UrhG auch die Möglichkeit ein, einen vorbeugenden Unterlassungsanspruch geltend zu machen. Hierfür ist keine Wiederholungsgefahr, sondern eine Erstbegehungsgefahr erforderlich. Eine solche Erstbegehungsgefahr wird von den Gerichten in der Regel dann angenommen, wenn der Betreffende bereits Vorbereitungshandlungen vorgenommen hat, die die tatsächliche Rechtsverletzung schon vorbereiten. Dies wäre zum Beispiel der Fall, wenn ein Veranstalter die Aufführung eines Theaterstücks bereits angekündigt und mit den Proben begonnen hat, obwohl er die entsprechenden Rechte zur Aufführung nicht besitzt.

6.2 Beseitigungsanspruch

Neben dem Unterlassungsanspruch gewährt § 97 Abs. 1 UrhG auch einen Beseitigungs-anspruch:

> *„Wer das Urheberrecht oder ein anderes nach diesem Gesetz geschütztes Recht widerrechtlich verletzt, kann von dem Verletzten auf Beseitigung der Beeinträchtigung (...) in Anspruch genommen werden. (...)"*

Der Beseitigungsanspruch richtet sich gegen Beeinträchtigungen des Urheberrechts, die durch ein reines Unterlassen nicht beseitigt werden können. Relevant wird der Beseitigungsanspruch zum Beispiel, wenn ein Foto verwendet wurde, ohne dass ein entsprechender Urhebervermerk angebracht wurde. Auch gegen die Entstellung eines Werkes des Urhebers, zum Beispiel einer Skulptur, die mit Graffiti besprüht wurde, kann mithilfe des Beseitigungsanspruchs vorgegangen werden. Der Urheber hat somit durch den Beseitigungsanspruch die Möglichkeit den Rechtsverletzer zu bestimmten Handlungen anzuhalten.

Ebenso wie beim Unterlassungsanspruch bedarf es zur Geltendmachung eines Beseitigungsanspruchs einer widerrechtlichen Urheberrechtsverletzung, die immer dann gegeben ist, wenn der Betreffende zum Beispiel ein Foto des Urhebers ohne dessen Zustimmung verwendet.

Mit der Aufforderung zur Beseitigung einer Rechtsverletzung ist häufig ein erheblicher Aufwand für den Verletzer verbunden. Dieser hat grundsätzlich die Kosten für die Beseitigung selbst zu tragen. Wird der Urheber selbst tätig und beseitigt die Beeinträchtigung seiner Rechte, so kann er vom Verletzer die angefallenen Kosten im Wege eines Schadensersatzanspruches ersetzt verlangen.

Allerdings muss die Beseitigung dem Verletzer zumutbar und auch zur Wahrung der Rechte des Urhebers erforderlich sein. So hat der BGH (Urt. v. 08.06.1989, Az. I ZR 135/87) entschieden, dass die Beseitigung der Signatur eines Künstlers auf gefälschten Aquarellen ausreichend ist. Dagegen verneinte das Gericht einen Anspruch auf Kennzeichnung der Bilder als Fälschung oder deren endgültige Vernichtung. Zur Begründung führte der BGH aus:

> *„(...) Wie das BerG zu Recht angenommen hat, reicht der Beseitigungsanspruch nicht weiter, als es zur Aufhebung oder Minderung der Beeinträchtigung erforderlich ist. Die erforderlichen Beseitigungsmaßnahmen bestimmen sich daher nach der Art und dem Umfang der Beeinträchtigung. Im Streitfall ist die Beeinträchtigung darin zu sehen, daß die Bilder mit der Signatur „Nolde" versehen sind und daß diese Fälschungen - wie zu unterstellen ist - dem allgemeinen Kunstmarkt als echte*

Nolde-Werke zugeführt werden sollen. Anders als die Beklagte meint, liegt eine Beeinträchtigung aber nicht auch darin, daß die Bilder im Stile und nach Motiven Noldes gemalt worden sind. Solche abstrakten Eigenschaften eines Werkes sind im Interesse der allgemeinen künstlerischen Entwicklung als gemeinfrei anzusehen. Sie können von einem Künstler grundsätzlich nicht für sich monopolisiert werden.

Daraus folgt, daß vorliegend zur Beseitigung der Beeinträchtigung die Entfernung der Nolde-Signatur ausreichend ist. Eine äußere - nach den Vorstellungen der Beklagten durch einen Gerichtsvollzieher vorzunehmende - Kennzeichnung der Bilder als Fälschungen kann nicht verlangt werden. Es bleibt jedem Eigentümer eines Bildes, selbst wenn es in Anlehnung an Stilmerkmale und Motive eines anderen Malers geschaffen worden ist, unbenommen, mit dem Bild - ohne durch einen Fälschungsvermerk in der Werknutzung beeinträchtigt zu werden - nach Belieben zu verfahren, sofern es nicht aufgrund der Signatur fälschlich einem anderen Maler zugerechnet wird.

6.3 Schadensersatzanspruch

Neben einem Unterlassungs- und Beseitigungsanspruch hat der Urheber gem. § 97 Abs. 2 UrhG auch die Möglichkeit einen Schadensersatzanspruch gegenüber dem Verletzer geltend zu machen:

„Wer die Handlung vorsätzlich oder fahrlässig vornimmt, ist dem Verletzten zum Ersatz des daraus entstehenden Schadens verpflichtet. Bei der Bemessung des Schadensersatzes kann auch der Gewinn, den der Verletzer durch die Verletzung des Rechts erzielt hat, berücksichtigt werden. Der Schadensersatzanspruch kann auch auf der Grundlage des Betrages berechnet werden, den der Verletzer als angemessene Vergütung hätte entrichten müssen, wenn er die Erlaubnis zur Nutzung des verletzten Rechts eingeholt hätte. Urheber, Verfasser wissenschaftlicher Ausgaben (§ 70), Lichtbildner (§ 72) und ausübende Künstler (§ 73) können auch wegen des Schadens, der nicht Vermögensschaden ist, eine Entschädigung in Geld verlangen, wenn und soweit dies der Billigkeit entspricht."

Anders als bei der Geltendmachung eines Unterlassungs- oder Beseitigungsanspruchs, ist für einen Schadensersatzanspruch ein Verschulden des Verletzers erforderlich. Das Gesetz verlangt hierfür eine vorsätzliche oder fahrlässige Rechtsverletzung. Eine fahrlässige Rechtsverletzung liegt vor, wenn die im Verkehr erforderliche Sorgfalt außer Acht gelassen wird. Entscheidend bei der Beurteilung der Fahrlässigkeit der Urheberrechtsverletzung ist, dass nach dem Gesetz auf die erforderliche Sorgfalt abzustellen ist. Nicht relevant ist hingegen die übliche Sorgfalt, die gerade bei Rechtsverletzungen im Internet von den Nutzern häufig sehr niedrig angesetzt wird. Vorsätzlich handelt, wer die Rechtsverletzung bewusst begeht oder die Rechtsverletzung als Konsequenz seines Handelns zumindest billigend in Kauf nimmt. Insofern gilt für das Urheberrecht ein relativ strenger Sorgfaltsmaßstab, der den Betreffenden eine umfassende Prüfungs- und Erkundigungspflicht auferlegt, der im Zweifel nur durch die nahtlose Überprüfung der Rechtekette bis hin zum Urheber genüge getan werden kann. Eine Beteuerung oder Versicherung Dritter ist in einem solchen Fall unerheblich, da ein Rechtserwerb vom Nichtberechtigten im Urheberrecht nicht möglich ist.

Das Gesetz ermöglicht dem Urheber ausdrücklich auch die Geltendmachung eines immateriellen Schadens. Allerdings bedarf es hierzu einer besonders schweren Urheberrechtsverletzung, die einer Persönlichkeitsverletzung gleichkommt. Ein solcher Verstoß kann zum Beispiel bei einer besonders verletzenden Entstellung eines Werkes vorliegen. Zur Schadensberechnung können verschiedene Methoden herangezogen werden. Welche Methode der Rechteinhaber wählt, bleibt ihm überlassen. Möglich ist die Schadensberechnung nach dem entgangenen Gewinn, nach dem Gewinn, der beim Verletzer angefallen ist oder anhand einer fiktiven Lizenzgebühr.

Schadensberechnung nach dem entgangenen Gewinn

Neben dem konkret durch die Rechtsverletzung entstandenen Schaden kann der Urheber auch den entgangenen Gewinn ersetzt verlangen. Hierzu bedarf es allerdings konkreter Nachweise, die belegen, welcher Gewinn durch die Rechtsverletzung entgangen ist. Vermutungen oder Schätzungen reichen nicht aus, um einen entgangenen Gewinn nachzuweisen. In der Praxis ist der Nachweis eines konkret durch eine Urheberrechtsverletzung entgangenen Gewinns nur schwer möglich. Sinnvoll kann diese Art der Schadensberechnung allerdings sein, wenn bereits vorab zum Beispiel mit einer Zeitschrift ein Exklusivvertrag über eine Fotoserie mit einem Prominenten abgeschlossen wurde, indem die genaue Vergütungshöhe geregelt ist. Bei einer unberechtigten Verwertung der Fotos durch einen Dritten platzt regelmäßig der Exklusivvertrag. In einem solchen Fall kann die Höhe des entgangenen Gewinns relativ leicht nachgewiesen werden.

Schadensberechnung nach dem Verletzergewinn

Bei dieser Methode wird nicht der entgangene Gewinn des Urhebers, sondern der Gewinn, der durch die rechtswidrige Verwertung eines Fotos beim Verletzer entstanden ist, zur Schadensberechnung herangezogen. Auch diese Form der Schadensberechnung hat ihre Tücken im Nachweis des beim Verletzer angefallenen Gewinns. Wird zum Beispiel ein Foto einzeln verwertet, ist der entstandene Verletzergewinn relativ leicht zu ermitteln. Schwieriger ist der Nachweis, wenn das Foto mit mehreren anderen Fotos in einem Bildband etc. vermarktet wird. In einem solchen Fall ist der Gewinn, der durch die Aufnahme des besagten Fotos in den Bildband angefallen ist praktisch kaum nachzuweisen.

Allerdings muss der Verletzer nicht den gesamten Erlös, der durch die rechtswidrige Verwertung eines Fotos angefallen ist, an den Urheber herausgeben. Vielmehr kann der Verletzer die Kosten, die im Rahmen der Vermarktung des Fotos entstanden sind, vom Gewinn abziehen. Jedoch dürfen nur solche Kosten in Abzug gebracht werden, die unmittelbar mit der Vermarktung in Zusammenhang stehen. So hat der BGH in einem Urteil vom 02.11.2000 (Az. I ZR 246/98) entschieden, dass bei der Ermittlung des Verletzergewinns keine Fixkosten wie Miete oder Abschreibungen berücksichtigt werden dürfen. Zur Begründung führte der BGH aus:

„(…) Im Hinblick auf diese Grundgedanken der gesetzlichen Regelung ist der Verletzergewinn von dem Gewinn eines Unternehmens, das auch seine Gemeinkosten erwirtschaften muss, um lebensfähig zu bleiben, zu unterscheiden. Nach Sinn und Zweck des Anspruchs auf Herausgabe des Verletzergewinns ist es grundsätzlich gerechtfertigt, bei der Ermittlung des Verletzergewinns von den erzielten Erlösen nur die variablen (das heißt vom Beschäftigungsgrad abhängigen) Kosten für die Herstellung und den Vertrieb der schutzrechtsverletzenden Gegenstände abzuziehen, nicht auch Fixkosten, das heißt solche Kosten, die von der jeweiligen Beschäftigung unabhängig sind. (…)

Würde dem Verletzer uneingeschränkt gestattet, von seinen Erlösen einen Gemeinkostenanteil abzusetzen, würde im Allgemeinen der aus der Rechtsverletzung stammende Gewinn nicht vollständig abgeschöpft. Dem Verletzer verbliebe vielmehr ein Deckungsbeitrag zu seinen Fixkosten. Dies stünde in Widerspruch zu Sinn und Zweck des Schadensausgleichs in der Form der Herausgabe der Verletzergewinns und insbesondere zu dem Gedanken, dass der Verletzte durch die Herausgabe des Verletzergewinns so zu stellen ist, als hätte er ohne die Rechtsverletzung den gleichen Gewinn wie der Rechtsverletzer erzielt. Denn in diesem Fall hätte der Verletzte bei einem Einsatz des eigenen Unternehmens für die Herstellung und den Vertrieb einen Deckungsbeitrag zu seinen eigenen Gemeinkosten erwirtschaften können. (…)"

Schadensberechnung im Wege der Lizenzanalogie

Bei der Berechnung des Schadens nach der Lizenzanalogie wird von der Lizenzgebühr ausgegangen, auf die sich die Vertragsparteien bei der vertraglichen Einräumung der entsprechenden Nutzungsrechte geeinigt hätten.

Der BGH hat in einem Urteil vom 22.03.1990 (Az. 1 ZR 59/88) zur Lizenzanalogie ausgeführt, dass bei der Berechnung der angemessenen Lizenzanalogie rein objektiv darauf abzustellen sei, was bei vertraglicher Einräumung ein vernünftiger Lizenzgeber gefordert und ein vernünftiger Lizenznehmer gewährt hätte, wenn beide die im Zeitpunkt der Entscheidung gegebene Sachlage gekannt hätten. Die Schadensberechnung auf der Grundlage einer angemessenen Lizenzgebühr sei überall dort zulässig, wo die Überlassung von Ausschließlichkeitsrechten zur Benutzung durch Dritte gegen Entgelt rechtlich möglich und verkehrsüblich sei. Weiter erklärte der BGH, dass diese Art der Schadensberechnung auf der Erwägung beruhe, dass derjenige, der ausschließliche Rechte anderer verletzte, nicht besser dastehen solle, als er im Falle einer ordnungsgemäß erteilten Erlaubnis durch den Rechtsinhaber gestanden hätte.

Bei der Schadensberechnung nach der Lizenzanalogie kommt es nicht darauf an, ob der Verletzer mit der unberechtigten Verwertung einen Gewinn erzielt hat. Ebenso kann der Verletzer nicht einwenden, dass er zu keinem Zeitpunkt dazu bereit gewesen wäre einen solchen Lizenzvertrag zu schließen.

Bei der Ermittlung der Schadenshöhe stützen sich die Gerichte häufig auf die Honorarübersicht der Mittelstandsgemeinschaft Foto-Marketing (MFM). Diese gibt eine jährliche Übersicht mit den Tarifen für die Nutzungsrechte an Bildern heraus welche man für ca. 30 € erwerben kann. Verlangt der Fotograf eine höhere Lizenzgebühr, so muss er dafür Gründe anführen, die der gerichtlichen Nachprüfung standhalten. Es sind jedoch nur Empfehlungen, von denen das Gericht auch je nach Einzelfall abweichen kann. Beispielsweise nahm das Landgericht Düsseldorf in seinem Urteil vom 08.03.2017 (Az. 12 O 190/14) einen Abzug von einem Drittel von den in der MFM genannten Wert vor, da es sich in dem Fall nur um einfache Produktfotos handelte. Vielfach wird ein Verletzerzuschlag zu dem Schadensersatzanspruch gefordert. Demnach soll der Verletzer einen Zuschlag aufgrund der Rechtsverletzung zahlen. Die Forderung eines solchen Zuschlags wird zum einen mit der abschreckenden Wirkung begründet. Zum anderen wird angeführt, dass der Verletzer sonst nur den Betrag zahlen müsse, der auch bei rechtmäßiger Nutzung angefallen wäre.

Das Landgericht Düsseldorf hat in einem Urteil (v. 14.07.1992, Az. 12 O 353/91) dem Rechteinhaber einen Zuschlag von 100 % zugesprochen, da die rechtswidrige Veröffentlichung eines Fotos vom Verletzer in dem Bewusstsein in die Wege geleitet wurde, dass der Rechteinhaber damit nicht einverstanden ist. Zur Begründung führte das Gericht aus:

„(...)Schließlich ist dem Kläger nach Auffassung der Kammer zum Ausgleich des Verletzervorteils ein Zuschlag zu gewähren (Verletzerzuschlag), den die Kammer mit dem Sachverständigen auf 100 % des Grundhonorars veranschlagt. Der vorliegende Fall ist dadurch gekennzeichnet, daß es der Beklagte trotz einiger angestrengter Versuche nicht gelungen ist, eine Erlaubnis zur Veröffentlichung der beiden Fotografien zu erlangen. Sie hat sich sodann beide im Wege der „Selbstbedienung" verschafft und eine Veröffentlichung in dem Bewußtsein in die Wege geleitet, daß sowohl der Kläger als auch die abgebildeten Personen einer Veröffentlichung nicht zustimmen bzw. nicht zustimmen würden. Gerade in diesem Fall ist eine Gleichbehandlung mit dem redlichen Lizenznehmer nicht angebracht und zur Verhinderung

einer „Selbstbedienung" die übliche Lizenzgebühr zu vervielfältigen (vgl. hierzu Schricker, Urheberrecht, Rdn. 70 - 72). Den von dem Sachverständigen angesetzten Zuschlag in Höhe von 100 % hält das Gericht für angemessen. (...)"

Darüber hinaus nehmen einige Gerichte eine Verdoppelung der Lizenzgebühr vor, wenn ein Foto ohne oder nur mit unzureichender Urheberbenennung verbreitet und veröffentlicht wird.

Empfehlungen der MFM können dann nicht zur Grundlage genommen werden, wenn der Fotograf kein professioneller Marktteilnehmer ist (vgl BGH, Urt. v. 13.9.2018, Az. I ZR 187/17). Dennoch können Hobbyfotografen einen Verletzerzuschlag von 100 % für eine fehlende Urheberkennzeichnung verlangen. So bestätigte es zumindest der BGH in seinem Urteil vom 13.09.2018 (Az. I ZR 187/17). Zudem hat der BGH in diesem Fall entschieden, dass der Hobbyfotograf bei Schnappschüssen über 100,00 € hinaus keinen Anspruch auf Schadensersatz hat.

In den Fällen, in denen das Bild zur unkommerziellen Verwendung freigegeben wurde, liegt der objektive Wert der Nutzung bei 0 € (vgl. Oberlandesgericht Köln, Urt. v. 31.10.2014, Az. 6 U 60/ 14; Oberlandesgericht Köln, Beschl. v. 29.06.2016, Az. 6 W 72/ 16). Wenn also jemand das Bild nicht lizenzkonform nutzt, hat der Rechtsinhaber weder einen Anspruch auf Zahlung fiktiver Lizenzgebühren noch auf den Verletzerzuschlag wegen fehlender Urheberbezeichnung.

6.4 Weitere Konsequenzen

Neben den Ansprüchen auf Unterlassung, Beseitigung und Schadensersatz räumt das Urheberrechtsgesetz dem Urheber Ansprüche auf Vernichtung, Rückruf und Überlassung von rechtswidrig hergestellten Vervielfältigungsstücken ein.

Anspruch auf Vernichtung

Nach § 98 Abs. 1 UrhG kann der Urheber denjenigen, der seine Urheberrechte widerrechtlich verletzt hat, auffordern, rechtswidrig hergestellte oder verbreitete Vervielfältigungsstücke seines Werkes zu vernichten:

„Wer das Urheberrecht oder ein anderes nach diesem Gesetz geschütztes Recht widerrechtlich verletzt, kann von dem Verletzten auf Vernichtung der im Besitz oder Eigentum des Verletzers befindlichen rechtswidrig hergestellten, verbreiteten oder zur rechtswidrigen Verbreitung bestimmten Vervielfältigungsstücke in Anspruch genommen werden. (...)"

Eine rechtswidrige Herstellung eines Vervielfältigungsstücks liegt immer dann vor, wenn der Hersteller nicht über das hierzu erforderliche Vervielfältigungsrecht verfügt. Dagegen liegt eine rechtswidrige Verbreitung eines Vervielfältigungsstücks vor, wenn der Verbreitende die hierzu erforderlichen Verbreitungsrechte nicht inne hat. Ebenso liegt eine rechtswidrige Verbreitung vor, wenn der Verbreitende zwar das Verbreitungsrecht hat, dieses aber überschreitet.

Der Urheber kann vom Verletzer nur die Vernichtung solcher Vervielfältigungsstücke verlangen, die sich in dessen Eigentum oder Besitz befinden.

Die Vernichtung von Vervielfältigungsstücken erfordert nicht dessen völlige Zerstörung. Vielmehr ist es ausreichend, dass die Vervielfältigungsstücke nicht mehr brauchbar sind, das heißt der Gebrauch bzw. die Verwendung nicht mehr möglich ist.

Anspruch auf Überlassung

Statt der Vernichtung kann der Urheber gem. § 98 Abs. 3 UrhG auch die Herausgabe der Vervielfältigungsstücke verlangen, die sich im Eigentum des Verletzers befinden. Allerdings hat der Urheber dem Verletzer dann eine angemessene Vergütung zu zahlen, die die Herstellungskosten decken, aber nicht überschreiten darf.

> *„Statt der in Absatz 1 vorgesehenen Maßnahmen kann der Verletzte verlangen, dass ihm die Vervielfältigungsstücke, die im Eigentum des Verletzers stehen, gegen eine angemessene Vergütung, welche die Herstellungskosten nicht übersteigen darf, überlassen werden."*

Die Geltendmachung des Überlassungsanspruchs bietet sich vor allem dann an, wenn keine Eigentumsrechte Dritter an den Vervielfältigungsstücken bestehen, die eine Herausgabe unmöglich machen, und der Urheber dafür eine Verwendung hat.

Anspruch auf Rückruf

In § 98 Abs. 2 UrhG wird dem Urheber ein Anspruch auf Rückruf oder Entfernen der rechtswidrig hergestellten oder verbreiteten Vervielfältigungsstücke aus den Vertriebswegen eingeräumt. Hierdurch soll der durch den Verletzer rechtswidrig herbeigeführte Zustand wieder rückgängig gemacht werden.

> *„Wer das Urheberrecht oder ein anderes nach diesem Gesetz geschütztes Recht widerrechtlich verletzt, kann von dem Verletzten auf Rückruf von rechtswidrig hergestellten, verbreiteten oder zur rechtswidrigen Verbreitung bestimmten Ver-*

vielfältigungsstücken oder auf deren endgültiges Entfernen aus den Vertriebswegen in Anspruch genommen werden."

Allerdings ist der Anspruch auf Rückruf bzw. Entfernung aus den Vertriebswegen ausgeschlossen, wenn der Verletzer keine Verfügungsgewalt über die Vervielfältigungsstücke, das heißt sowohl tatsächlich als auch rechtlich keine Einflussnahmemöglichkeit mehr hat.

Verhältnismäßigkeitsgrundsatz

Die in § 98 Abs. 1–3 UrhG eingeräumten Ansprüche auf Vernichtung, Rückruf und Überlassung werden durch den in Abs. 4 verankerten Verhältnismäßigkeitsgrundsatz beschränkt. Demnach sind die Ansprüche ausgeschlossen, wenn die Maßnahme im Einzelfall unverhältnismäßig ist. Die Ansprüche müssen zum einen geeignet und erforderlich zur Beseitigung der begangenen Rechtsverletzung sein und zum anderen in einem angemessenen Verhältnis zu der Schwere der Rechtsverletzung stehen. Für jeden Einzelfall ist eine Abwägung zwischen den verletzten Rechten und den Konsequenzen durch den Anspruch für den Verletzer vorzunehmen. Ist der gewählte Anspruch als nicht verhältnismäßig einzustufen, kann ein milderes Mittel bzw. weniger einschneidender Anspruch gewählt und geltend gemacht werden.

Der BGH (Urt. v. 10.04.1997, Az. I ZR 242/94) hat im Zusammenhang mit dem markenrechtlichen Vernichtungsanspruch zur Verhältnismäßigkeit und der vorzunehmenden Abwägung der widerstreitenden Interessen ausgeführt:

„(...) Sinn und Zweck der Regelung erfordern unter Einbeziehung der angeführten generalpräventiven Erwägungen eine umfassende Abwägung des Vernichtungsinteresses des Verletzten und des Erhaltungsinteresses des Verletzers. Einen Anhaltspunkt bieten dabei die in der Gesetzesbegründung beispielhaft genannten Kriterien: Schuldlosigkeit oder der Grad der Schuld des Verletzers, die Schwere des Eingriffs – unmittelbare Übernahme oder Verletzung im Randbereich – und der Umfang des bei Vernichtung für den Verletzer entstehenden Schadens im Vergleich zu dem durch die Verletzung eingetretenen wirtschaftlichen Schaden des Rechtsinhabers. Diese und weitere Umstände können im Einzelfall ein mehr oder weniger starkes Gewicht haben, eine schematische Prüfung verbietet sich. (...)"

Rein wirtschaftliche Belastungen, die für den Verletzer mit der Geltendmachung eines Anspruchs durch den Urheber entstehen, reichen an sich nicht aus, um die Verhältnismäßigkeit zu verneinen. Dies hat auch der BGH in einem Urteil (v. 10.04.1997, Az. I ZR 242/94) festgehalten und ausgeführt:

„(...) Überwiegende Interessen der Beklagten, insbesondere ein Kosteninteresse, stehen dieser Beurteilung nicht entgegen. Die Kosten der Vernichtung hat sie ohne-

hin zu tragen (...). Die Beklagte ist nach dem Urteilsausspruch des BerG jedoch nur verpflichtet, die Kosten zu tragen, die für die Vernichtung erforderlich sind. Sie hätte also Gelegenheit, sich im Fall, daß die Klägerin überhöhte Vernichtungskosten geltend machte, im Vollstreckungsverfahren zur Wehr zu setzen. (...)"

Strafrechtliche Konsequenzen

Eine Urheberrechtsverletzung kann neben den zivilrechtlichen Ansprüchen, die vom Urheber geltend gemacht werden können, auch strafrechtliche Konsequenzen zur Folge haben. Die strafrechtlichen Konsequenzen sind in den §§ 106 ff. UrhG geregelt. Nach § 106 Abs. 1 UrhG kann eine Urheberrechtsverletzung mit einer Freiheitsstrafe von bis zu 3 Jahren oder einer Geldstrafe geahndet werden:

„Wer in anderen als den gesetzlich zugelassenen Fällen ohne Einwilligung des Berechtigten ein Werk oder eine Bearbeitung oder Umgestaltung eines Werkes vervielfältigt, verbreitet oder öffentlich wiedergibt, wird mit Freiheitsstrafe bis zu drei Jahren oder mit Geldstrafe bestraft."

Handelt der Verletzer gewerbsmäßig, so beträgt die Strafe nach § 108a UrhG bis zu 5 Jahre Freiheitsstrafe oder eine Geldstrafe.

Unter Strafe stehen die sogenannte Verwertungshandlungen, das heißt die rechtswidrige Vervielfältigung, Verbreitung und öffentliche Wiedergabe. Allerdings muss der Verletzer zumindest bedingt vorsätzlich gehandelt haben. Bedingter Vorsatz ist anzunehmen, wenn der Verletzer mit der Erfüllung des Tatbestandes zumindest rechnen musste.

Damit es zu einer strafrechtlichen Verfolgung des Verletzers nach § 106 UrhG überhaupt kommt, muss der Urheber gem. § 109 UrhG einen Strafantrag stellen, das heißt die Staatsanwaltschaft wird erst auf den Antrag hin tätig. Nur wenn ein besonderes öffentliches Interesse an der Strafverfolgung besteht, wird die Staatsanwaltschaft von Amts wegen, das heißt ohne vorherige Antragsstellung, tätig.

7. Durchsetzung der Urheberrechte bei Verletzung

Das Urheberrecht gewährt dem Urheber bzw. Rechteinhaber vielfältige Ansprüche, die er bei Verletzung seiner Urheberrechte geltend machen kann, um gegen die Rechtsverletzung vorzugehen. Allerdings ist es nicht nur notwendig, den Anspruch als solchen zu haben. Er muss vielmehr auch gegenüber demjenigen, der die Rechtsverletzung begangen hat, durchgesetzt werden. Die Durchsetzung zum Beispiel eines Unterlassungs- oder Schadensersatzanspruches kann auf unterschiedliche Weise erfolgen.

7,1 Abmahnung

© Dan Race – stock.adobe.com

Unter diesem Link können
Sie weitere Informationen zu
einem Abmahncheck erhalten:
wbs.legal/abmahncheck/

Lassen Sie sich durch Abmahnungen nicht zu sehr erschrecken.
Nutzen Sie einen Abmahncheck zur Klärung.

Denjenigen, die das Internet regelmäßig nutzen, wird der Begriff der Abmahnung schon mal zu Ohren gekommen sein. Bei einer Abmahnung handelt es sich um eine formale Aufforderung ein bestimmtes Verhalten (Rechtsverletzung) zukünftig zu unterlassen bzw. dieses zu unterbinden. Es wird also ein Verhalten des Abgemahnten gerügt und ihm dargelegt, dass dieses Verhalten rechtswidrig ist. Die Abmahnung ist die zivilrechtliche Verfolgung der Urheberrechtsverletzung. Die rechtliche Grundlage für eine Abmahnung ist in § 97a Abs. 1 UrhG geregelt:

> *„Der Verletzte soll den Verletzer vor Einleitung eines gerichtlichen Verfahrens auf Unterlassung abmahnen und ihm Gelegenheit geben, den Streit durch Abgabe einer mit einer angemessenen Vertragsstrafe bewehrten Unterlassungsverpflichtung beizulegen. Soweit die Abmahnung berechtigt ist, kann der Ersatz der erforderlichen Aufwendungen verlangt werden."*

Häufig ist der Irrglaube anzutreffen, dass eine Abmahnung eine Mahnung oder eine Forderung sei. Das stimmt jedoch nicht. Eine Abmahnung ist ein außergerichtliches Vergleichsangebot des Rechteinhabers, das durch dessen Anwälte dem Abgemahnten übermittelt wird und darf daher nicht mit einer Mahnung oder Forderung verwechselt werden.

Sinn und Zweck einer Abmahnung ist es, Rechtsstreitigkeiten wegen der Verletzung von Rechten schnell und kostengünstig in einem außergerichtlichen Verfahren beizulegen. Wahrscheinlich werden sich viele an dem Begriff „kostengünstig" stören. Denn die Kosten, die durch so eine Abmahnung anfallen, liegen in der Regel zwischen wenigen hundert und mehreren tausend Euro. Mit dem Begriff kostengünstig ist in diesem Fall gemeint, dass eine Einigung ohne Einschaltung des Gerichts meistens für alle Beteiligten günstiger ist, da bei einem Gerichtsverfahren weitere Anwalts- und Gerichtskosten hinzukommen.

Die Abmahnung erfolgt meist in Form eines Schreibens (Abmahnschreiben) der Abmahnanwälte des Rechteinhabers. Die Zustellung der Abmahnung kann als einfacher Brief per Post, aber auch als Fax, E-Mail oder telefonisch erfolgen. Für die Gültigkeit der Abmahnung ist es nicht erforderlich, dass diese per Einschreiben zugestellt wird. Der Abmahner muss letztlich nur nachweisen, dass die Abmahnung versendet wurde. Der tatsächliche Zugang der Abmahnung muss dagegen nicht nachgewiesen werden.

Die Abmahnung enthält neben der Darstellung des begangenen Urheberrechtsverstoßes und einer rechtlichen Belehrung über die Konsequenzen auch das eigentliche Vergleichsangebot.

Ein typisches Merkmal der Abmahnung ist die Fristsetzung durch die abmahnende Kanzlei. Dem Abgemahnten wird eine Frist sowohl zur Abgabe der Unterlassungserklärung als auch zur Zahlung des Pauschalbetrages gesetzt. Diese Fristen sind in der Regel nur sehr kurz (meist ein bis zwei Wochen). Hierdurch wird es dem Abgemahnten erschwert sich in aller Ruhe sorgfältig zu informieren und rechtlichen Rat einzuholen. Leider werden die kurzen Fristen von den Gerichten als zulässig anerkannt.

Häufig wird auch geglaubt, dass die Abmahnung unwirksam ist, weil dieser keine Vollmacht des Mandanten (Rechteinhabers) beiliegt. Dies stimmt jedoch nicht. Die Abmahnung ist auch ohne eine Vollmacht gültig und entfaltet ihre Rechtswirkungen.

Die Unterlassungserklärung

In der Abmahnung wird der Abgemahnte grundsätzlich aufgefordert eine meist dem Schreiben schon beiliegende Unterlassungserklärung innerhalb einer Frist abzugeben. Bei der Unterlassungserklärung handelt es sich um eine Verpflichtung ein bestimmtes Verhalten in der Zukunft zu unterlassen. Durch die Abgabe einer Unterlassungserklärung will der Rechteinhaber die Wiederholungsgefahr, also die Gefahr einer erneuten Urheberrechtsverletzung, beseitigen.

Die Bindungswirkung einer Unterlassungserklärung sollte nicht unterschätzt werden. In der Regel sind die Erklärungen so konzipiert, dass der Unterzeichner daran 30 Jahre gebunden ist. Die Unterlassungserklärungen sehen für den Fall der Zuwiderhandlung eine Vertragsstrafe vor. Die Vertragsstrafe dient nur der Sicherung des Unterlassungsversprechens. Sie ist also nicht zu zahlen, solange man die beanstandete Rechtsverletzung nicht nochmals begeht.

Wurde die Unterlassungserklärung abgegeben, in der man sich zum Beispiel verpflichtet hat, ein bestimmtes Foto von einem Fotografen nicht mehr unberechtigt auf seine Internetseite einzustellen und veröffentlichen, ist dies verbindlich. Wird das Foto in den folgenden 30 Jahren nach Abgabe der Unterlassungserklärung trotzdem verwendet, fällt eine empfindliche Vertragsstrafe an, die pro Verstoß bei geschäftlichem Verkehr bei ca. 5.000 € liegt. Bei nicht geschäftlichem Verkehr kann die Vertragsstrafe bei ca. 2.500 € liegen.

7.2 Einstweilige Verfügung

Die Abmahnung dient der außergerichtlichen Beilegung einer Rechtsstreitigkeit und wird häufig mit der Forderung, eine strafbewehrte Unterlassungserklärung abzugeben, verbunden. Kommt der Abgemahnte dieser Forderung nicht nach und gibt keine bzw. nur eine unzureichende Unterlassungserklärung ab, kann der Rechteinhaber bei Gericht eine einstweilige Verfügung beantragen. Durch die Beantragung einer einstweiligen Verfügung wird ein gerichtliches Eilverfahren angestrebt, das dem Rechteinhaber schnellstmöglichen Rechtsschutz gewähren soll. Demnach ist es für den Rechteinhaber häufig effektiver zunächst eine einstweilige Verfügung zu beantragen, bevor Klage erhoben wird.

Voraussetzung für eine einstweilige Verfügung ist die Eilbedürftigkeit des Verfahrens, die der Rechteinhaber glaubhaft darlegen muss. Sonst lehnt das Gericht die einstweilige Verfügung ab. In diesem Zusammenhang ist insbesondere die Zeitspanne relevant, die zwischen der Kenntniserlangung von der Rechtsverletzung und der Antragstellung vergangen ist. Die Rechtsprechung ist in diesem Bereich sehr unterschiedlich. Teilweise werden Zeitspannen von einem bis drei Monaten als zulässig angesehen und eine Eilbedürftigkeit noch bejaht.

Im Rahmen eines einstweiligen Verfügungsverfahrens kann das entscheidende Gericht nach seinem Ermessen vor seiner Entscheidung zunächst eine Anhörung des Antragsgegners anordnen oder auf eine solche Anhörung verzichten und ohne mündliche Verhandlung über den Antrag entscheiden. Da in den meisten Fällen auf eine Anhörung verzichtet wird, ergeht die einstweilige Verfügung meist direkt auf Antrag des Betroffenen.

Eine Verteidigung des Antragsgegners ist dann erst nachträglich durch Einlegung eines Widerspruchs möglich.

Hinterlegung einer Schutzschrift

Betroffene, die mit einem einstweiligen Verfügungsverfahren zu ihren Lasten rechnen, haben die Möglichkeit bei Gericht eine sogenannte Schutzschrift zu hinterlegen, um den Erlass eines Verfügungsbeschlusses ohne mündliche Verhandlung zu verhindern.

Mit der Hinterlegung einer solchen Schutzschrift ist der behauptete Unterlassungs- und Verpflichtungsanspruch des betroffenen Rechteinhabers nicht erfüllt. Die Hinterlegung stellt vielmehr lediglich einen Versuch dar, sich vor dem Erlass einer einstweiligen Verfügung gegen diese zu verteidigen. Besteht jedoch der Unterlassungsanspruch gegenüber dem Abgemahnten, so hindert die Hinterlegung einer Schutzschrift die Durchsetzbarkeit des Anspruchs im Wege eines einstweiligen Verfahrens nicht. Im Gegensatz dazu erfüllt die Abgabe einer strafbewehrten Unterlassungs- und Verpflichtungserklärung den Anspruch des Betroffenen. Ein weiteres Vorgehen gegen den Abgemahnten ist dem Betroffenen diesbezüglich nicht mehr möglich, insbesondere kann es nicht mehr zu einem einstweiligen Verfügungsverfahren kommen.

Nachteil der Verwendung von Schutzschriften

Wie jedes andere gerichtliche Verfahren, so ist auch das einstweilige Verfügungsverfahren mit Kosten verbunden. Auch hier gilt zunächst der Grundsatz, dass derjenige die Kosten des Verfahrens zu tragen hat, der das Verfahren verliert.

Die Kosten werden hierbei anhand von sogenannten "Streitwerten" berechnet. Bei einstweiligen Verfügungsverfahren aufgrund Urheberrechtsverletzungen wird der Streitwert durch die abmahnenden Kanzleien in der Regel auf einen Betrag zwischen 10.000 € und 30.000 € pro betroffenes geschütztes Rechtsgut, also beispielsweise pro Foto, festgesetzt. Diese Summe erscheint sehr hoch, entspricht aber gerichtlicher Praxis. Bei einer Abmahnung bezüglich eines Streitwertes von 30.000 € beläuft sich das Prozesskostenrisiko schon auf über 5.500 €. Die Antragsgegner sind daher in diesen Fällen einem erheblichen Kostenrisiko ausgesetzt.

Im Gegensatz dazu ist das Kostenrisiko nach der Abgabe einer Unterlassungs- und Verpflichtungserklärung weitaus geringer. In diesem Fall kann die abmahnende Kanzlei lediglich die ebenfalls in der Abmahnung geforderten Auslagen für ihre Anwaltskosten und ggfs. weitergehende Schäden ersetzt verlangen. Diese können allerdings nicht im Wege einer einstweiligen Verfügung beigetrieben werden, sondern müssten im Wege eines gerichtlichen Verfahrens eingeklagt werden, wobei der Streitwert hier von vorneherein auf die geltend gemachten Gebühren beschränkt ist und nicht wie im Verfügungsverfahren bezüglich der Unterlassungs- und Verpflichtungserklärung anhand eines "Fantasiewertes" bestimmt wird.

Darüber hinaus hat die Verwendung von Schutzschriften erhebliche weitere Nachteile gegenüber der Abgabe einer Unterlassungs- und Verpflichtungserklärung. Zunächst führt die Hinterlegung einer Schutzschrift nicht automatisch zu einer Anhörung des Antragsgegners vor Erlass einer einstweiligen Verfügung. Kommt der entscheidende Richter zu der Überzeugung, dass die Argumente aus der Schutzschrift nicht durchgreifen, so kann er auch hier – nach seinem Ermessen – auf eine Anhörung verzichten und eine einstweilige Verfügung erlassen. Die Hinterlegung der Schutzschrift läuft dann ins Leere.

Schließlich gilt es zu beachten, dass es sich bei vielen Urheberrechtsstreitigkeiten um Internetstreitigkeiten handelt, bei denen der sogenannte "fliegende Gerichtsstand" gilt. Der Abmahnende kann den Antrag innerhalb Deutschlands bei einem Gericht seiner Wahl stellen. Allein um die ohnehin geringe Schutzwirkung der Schutzschriften überhaupt erreichen zu können, müsste bei jedem Gericht in Deutschland eine Schutzschrift bezüglich des Einzelfalles hinterlegt werden. Dieser Arbeitsaufwand steht in keinem Verhältnis zu dem erreichbaren Erfolg.

Insgesamt bleibt festzuhalten, dass die Hinterlegung von Schutzschriften die Verpflichtung zur Abgabe einer Unterlassungserklärung nicht effektiv verhindern kann. Diese Verfahrensweise stellt lediglich eine risikoreiche Möglichkeit dar, sich vorsorglich gegen den Erlass einer einstweiligen Verfügung zu verteidigen. Neben der Gefahr weiterer erheblicher Kosten, die der Abgemahnte häufig zahlen muss, ist eine gezielte Hinterlegung schon gar nicht möglich.

7.3 Klageverfahren

Unterlassungs-, Beseitigungs- und Schadensersatzansprüche können auch im Rahmen eines Klageverfahrens durchgesetzt werden. Das Klageverfahren ermöglicht insbesondere dann die Durchsetzung der Urheberrechte, wenn eine einstweilige Verfügung mangels Dringlichkeit abgelehnt wurde, weil der Zeitraum zwischen Kenntniserlangung von der Rechtsverletzung und Antragsstellung zu lang war.

Die Klage muss der Rechteinhaber beim zuständigen Gericht in zweifacher Ausfertigung einreichen. Das Gericht schickt dem Beklagten dann eine Ausfertigung der Klageschrift zu und setzt eine in der Regel zweiwöchige Frist, in der der Beklagte eine sogenanntes Verteidigungsanzeige abgeben kann, die durch einen Anwalt zu erfolgen hat. Lässt der Beklagte die vom Gericht gesetzte Frist zur Verteidigungsanzeige erfolglos verstreichen, erlässt das Gericht ein Versäumnisurteil, in dem es den Beklagten entsprechend des Antrags des

Klägers verurteilt ohne eine Prüfung des Sachverhalts vorzunehmen. Allerdings hat der Beklagte noch die Möglichkeit gegen das Versäumnisurteil einen Einspruch einzulegen und Gründe vorzubringen, die ein Verstreichen der Frist entschuldigen.

Lässt der Beklagte dem Gericht durch seinen Anwalt eine Verteidigungsanzeige zukommen, hat er anschließend die Möglichkeit innerhalb einer meist zweiwöchigen Frist zu dem Klageantrag inhaltlich Stellung zu nehmen.

Anschließend setzt das Gericht einen Termin für die mündliche Verhandlung fest, in der die Sachvorträge der Parteien wiederholt und gegebenenfalls Vergleichsverhandlungen geführt werden, die zu einer vorzeitigen Beendigung des Klageverfahrens führen können. Reichen die Informationen aus den Sachvorträgen der Parteien dem Gericht zur Urteilsfindung nicht aus, so wird es einen zweiten Termin ansetzen, in dem es zur Beweisaufnahme kommt. Im Anschluss fällt das Gericht sein Urteil. Die Kosten des Gerichtsverfahrens hat grundsätzlich die unterlegene Partei zu zahlen.

8. Verhalten bei erhaltener Abmahnung wegen einer Urheberrechtsverletzung

Gerade bei Urheberrechtsverletzungen, die im Internet begangen werden, ist die Zahl der Abmahnungen in den letzten Jahren kontinuierlich gestiegen. Da es im Internet zu zahlreichen Urheberrechtsverletzungen kommt, gehen die Rechteinhaber inzwischen konsequenter dagegen vor und engagieren Firmen, die solche Urheberrechtsverletzungen aufspüren und Anwälte, die die entsprechenden Ansprüche geltend machen. Gerade auch im Bereich des sogenannte „Bilderklaus" gehen die Rechteinhaber verstärkt gegen die Verletzer vor und mahnen diese ab.

8.1 Wie sieht eine Abmahnung inhaltlich aus?

Abmahnungen wegen unerlaubter Bildnutzung sind im Wesentlichen folgendermaßen aufgebaut:

Rechteinhaber und Rechtsverletzung

Zunächst erläutert die Kanzlei, für welchen Mandanten sie die Rechte vertritt. Im Anschluss wird die zu Last gelegte Urheberrechtsverletzung erläutert, in dem zum Beispiel die Website benannt wird, auf der die unberechtigte Bildnutzung stattgefunden haben soll. Zu Beweiszwecken werden häufig Screenshots der betreffenden Website abgebildet, auf der das streitgegenständliche Foto zu sehen ist.

Nach der Beschreibung der Rechtsverletzung legt die abmahnende Kanzlei ausführlich dar, dass der von ihr vertretene Mandant der Urheber bzw. der Inhaber der ausschließlichen Verwertungsrechte an dem betreffenden Foto sei.

Als Ergebnis wird die angeblich begangene Urheberrechtsverletzung festgestellt.

Unterlassungsanspruch

Aufgrund der vorgeworfenen Urheberrechtsverletzung macht die abmahnende Kanzlei unter anderem einen Unterlassungsanspruch geltend, der bei den Abmahnungen in der Regel im Vordergrund steht. Hierzu fordert die Kanzlei die Abgabe einer strafbewehrten Unterlassungserklärung innerhalb einer meist kurz bemessenen Frist. Dem Schreiben wird eine vorformulierte Unterlassungserklärung beilgelegt, die vom Abgemahnten unterschrieben zurückverlangt wird.

Beispiel:

„Zur Vorbereitung bzw. Ermöglichung einer abschließenden Klärung der vorliegenden Angelegenheit sind wir gehalten, zunächst den Anspruch unserer Mandantschaft auf Unterlassung geltend zu machen.

Zur Vermeidung sofortiger gerichtlicher Schritte haben wir Sie aufzufordern, die in der Anlage beigefügte Unterlassungserklärung unverzüglich, spätestens jedoch bis

Datum

ausgefüllt und unterzeichnet im Original – gegebenenfalls vorab per Fax zur Fristwahrung – an uns zurückzuleiten.“

Auskunftsanspruch

Darüber hinaus wird meist ein Auskunftsanspruch geltend gemacht. Mit dem Auskunfts-anspruch wird insbesondere die Information darüber verlangt, wo das Bild herstammt und wie lange es insgesamt auf der Website öffentlich zugänglich war. Diese Informationen dienen der Kanzlei in der Regel im zweiten Schritt für die Berechnung des Schadens-ersatzes.

Beispiel:

„Ebenfalls bis zum oben genannten Zeitpunkt haben Sie uns außerdem gemäß §§ 101 UrhG, 242, 259, 260 BGB unter Vorlage entsprechender Belege detailliert und schriftlich Auskunft insbesondere über den Umfang der unlizen-zierten Verwendung sowie die Herkunft des widerrechtlich verwendeten Bildmaterials zu erteilen.

Dabei haben Sie umfassende und geordnete Angaben zu machen:

-> über den Zeitpunkt, zu dem das oben genann-te Bildmaterial ins Internet eingestellt bzw. wieder entfernt wurde sowie

-> über die Herkunft (Quelle) des von Ihnen vervielfältigten und öffentlich zugänglich gemachten Bildmaterials unserer Mandant-schaft."

Ersatzansprüche

In einem zweiten Schritt, nachdem die Auskunft über die Dauer der Bildnutzung erteilt ist, fordert die Kanzlei in aller Regel Schadensersatz für die rechtswidrige Verwendung des Bildes sowie die Kosten für die Abmahnung zu tragen. Dabei wird meist der Betrag zugrunde gelegt, der angeblich üblicherweise für die Lizenzierung des Bildes berechnet wird. Das allein sind oftmals bereits mehrere hundert Euro pro Jahr für nur ein Foto. Wenn dann auch noch der Urheber nicht genannt worden ist, wird in der Regel deutlich mehr verlangt.

8.2 Wer mahnt im Bereich der Fotografie ab?

Inzwischen ist das Abmahnen von Urheberrechtsverstößen ein lukratives Geschäft für die Rechteinhaber und ihre Abmahnkanzleien geworden. Viele Anwälte spezialisieren sich auf die Abmahntätigkeit. Im Folgenden wird ein Überblick über die derzeit regen tätigen Abmahner und ihre Abmahnkanzleien gegeben. Selbstverständlich handelt es sich hierbei keineswegs um alle aktiven Abmahner und Abmahnkanzleien.

Aus unserer Tätigkeit sind uns aktuell Abmahnvorgänge der Kanzlei Frommer Legal aus München für die folgenden Rechteinhaber bekannt:

- Great Bowery Deutschland, Mainburger Str. 40, 81369 München
- OTTO Archive LLC, 793 Broadway, 2nd Fl., NY 100 New York, Vereinigte Staaten
- Getty Images International, 2nd Fl, Block 4, Bracken Business Park, Sandyford, Dublin 18, Irland
- AUGUST Image, LLC, 793 Broadway, 2nd Fl, NY 10003 New York, Vereinigte Staaten
- Image Professionals GmbH, Tumblingerstr. 32, 80337 München

Ebenfalls aktiv mahnt Rechtsanwalt Schlösser aus Erfurt für folgende Rechtsinhaber ab:

- iStockphoto LP, Suite 313 – 1240 20th Ave SE Calgary, Alberta T2G 1M8 Canada
- Masterfile Corporation (mauritius images), Mühlenweg 18, 82481 Mittenwald
- Copyright Services International LLC
- ProPix GmbH, Sacharowweg 1, 71522 Backnang
- Action Press GmbH&Co KG, Kollausstr, 64–66, 22529 Hamburg

Und Rechtsanwalt Sebstian Deubelli aus Landshut für:

- Knieper Verwaltungs GmbH, Teerhof 59, 28199 Bremen
- Blickwinkel, Eckardstr. 101, 58453 Witten
- Chromorange, Eichenstr. 6b, 83083 Riedering

8.3 Reaktionsmöglichkeiten

Im Rahmen unserer Arbeit stellen wir täglich fest, dass die falsche Reaktion auf eine Abmahnung schlimmere Folgen auslösen kann als die ursprüngliche Rechtsverletzung. Die richtige Reaktion auf eine Abmahnung ist daher das A und O. Im Folgenden werden die einzelnen Reaktionsmöglichkeiten vorgestellt und aus rechtlicher Sicht bewertet.

Keine Reaktion

Diese Empfehlung liest man manchmal in Internet-Foren. Auch wenn dies gelegentlich gut ausgehen kann, wird der Ernst der Lage damit verkannt: Eine offensichtlich unbegründete Abmahnung liegt nämlich selten vor, ein Unterlassungsanspruch besteht in den meisten Fällen. Wird keine Unterlassungserklärung innerhalb der bestimmten Frist abgegeben, so besteht das Risiko eines gerichtlichen Verfahrens. Dieses sollte aufgrund der damit verbundenen Kosten vermieden werden, zumal in vielen Bereichen keine einheitliche Rechtsprechung besteht und die abmahnende Partei bei im Internet angebotenen Dateien den für sie günstigsten Gerichtsstand frei wählen kann.

Wird die Unterlassungserklärung nicht oder nicht fristgemäß abgegeben, so kann der Abmahnende seinen Anspruch auch im Wege der einstweiligen Verfügung in einem summarischen Rechtsschutzverfahren vor Gericht durchsetzen. Gerade im Urheber- und Wettbewerbsrecht sind solche Eilverfahren üblich. Dies ist für den Abgemahnten oft nachteilig, denn in der Regel wird der Abgemahnte wegen der Eilbedürftigkeit vom Gericht nicht angehört. Ein solches Verfahren kann durch die Hinterlegung einer sogenannten Schutzschrift verhindert werden.

Oft verfolgen die abmahnenden Kanzleien den Unterlassungs- und Schadensersatzanspruch außergerichtlich weiter, wenn eine Erklärung nicht oder nicht in ausreichender Weise abgegeben wird. Dabei steigen die Forderungen deutlich, teilweise sogar um das Doppelte; zudem ist zu befürchten, dass Inkassobüros eingeschaltet werden, die den Betroffenen in der Folgezeit das Leben schwer machen.

Abgabe einer Unterlassungserklärung

In den meisten Fällen besteht ein grundsätzlicher Anspruch auf Abgabe einer Unterlassungserklärung innerhalb einer angemessenen Frist. Damit kann die Wiederholungsgefahr einer Verletzung rechtswirksam beseitigt werden.

Abzuraten ist jedoch von der Abgabe einer Unterlassungserklärung in der vom Abmahnenden vorgeschriebenen Form. Der Abgemahnte sollte zwar seiner Unterlassungserklärungspflicht nachkommen, nicht aber sich die Bedingungen vom Abmahner diktieren lassen. Das mit der Erklärung verbundene Strafversprechen ist eine vertragliche Vereinbarung, deren Wirksamkeit von der Berechtigung der ursprünglichen Abmahnung nicht abhängt. Es ist daher sehr schwierig, eine einmal abgegebene Erklärung wieder rückgängig zu machen. Die gestellten Erklärungen gehen oft zu weit und sind daher für den Betroffenen von Nachteil.

Zum einen werden durch die uneingeschränkte Abgabe der Unterlassungserklärung auch die Kosten der Gegenseite anerkannt und müssen übernommen werden. Zum anderen ist die bestimmte Vertragsstrafe in den meisten Fällen zu hoch. Außerdem beinhaltet das Erklärungsformular häufig ein Schuldanerkenntnis, welches bei eventuellen späteren Rechtsstreitigkeiten als Beweismittel gegen den Erklärenden verwandt werden kann. Darüber hinaus unterliegt eine solche Unterlassungserklärung der Regelverjährungszeit von 30 Jahren und bindet den Betroffenen viel zu lange, selbst bei etwaiger Änderung der Gesetzeslage oder Rechtsprechung.

Dringend zu empfehlen ist daher die fristgerechte Abgabe einer modifizierten Unterlassungserklärung, die dem Unterlassungsanspruch einerseits Rechnung trägt, andererseits nicht mehr erklärt als gefordert werden kann. Solche veränderten Unterlassungserklärungen werden von im Internet- und Urheberrecht spezialisierten Rechtsanwälten formuliert. Dabei ist darauf Wert zu legen, dass lediglich eine Vertragsstrafe vereinbart wird, die vom Abmahnenden nach Billigkeit zu bestimmen ist. Diese wäre in einem späteren Prozess gerichtlich voll überprüfbar. Auch ist die zeitliche Geltung der Unterlassungserklärung mit Blick auf zukünftige Änderungen der Rechtslage zu beschränken.

Um das Problem aber wirklich zu lösen, ist zusätzlich an vorbeugende Unterlassungserklärungen zu denken. Beispielsweise bezieht sich die von einer Abmahnungskanzlei vorformulierte Erklärung wegen der unberechtigten Verwendung einer Fotografie nur auf diese. Hat der Betroffene aber mehrere Fotos unrechtmäßig verwendet, so ist die rechtzeitige Abgabe von vorbeugenden Unterlassungserklärungen gegenüber den jeweiligen Rechteinhabern zu empfehlen. Hierdurch können die Kosten für weitere Abmahnungen für bereits begangene Urheberrechtsverletzungen gespart werden. Eine auf Abmahnungen im IT-Bereich spezialisierte Kanzlei wird daher vorsorglich solche Erklärungen an alle Kanzleien senden, die momentan wegen der begangenen Verletzungen abmahnen.

Beharrt die Gegenseite neben dem Unterlassungsanspruch auch auf einem Schadensersatzanspruch, so kann diese Streitigkeit auch außergerichtlich beigelegt werden. Die Vereinbarung eines solchen Vergleichs sollte einem mit der Abmahnungsproblematik vertrauten Anwalt überlassen werden.

Rechtsmissbräuchliche Abmahnungen

Vor allem im Zusammenhang mit dem Internet kommt es vermehrt zu sogenannten Serienabmahnungen an eine Vielzahl von Empfängern bei gleichgelagerten Sachverhalten mit nahezu identischen Anschreiben zu eher geringfügigen Verstößen im Wettbewerbs- oder Urheberrecht. Dabei entsteht leicht der Eindruck, dass es nicht um die Wahrung eines lauteren Wettbewerbs geht, sondern um Einnahmequellen von Anwaltskanzleien oder

Händlern, die in ihrem Kerngeschäft nicht besonders erfolgreich sind. Der Vorteil, der aus dem unbeabsichtigten Rechtsbruch entstehen soll, ist jeweils mehr als fraglich.

Doch die Menge von wesentlich gleichlautenden Abmahnungen sagt für sich genommen noch nichts über die Missbräuchlichkeit aus. Man könnte auch sagen: Wo massenhaft Rechte verletzt werden, darf auch massenhaft abgemahnt werden. Berücksichtigt werden muss, dass zum Beispiel durch Internet-Tauschbörsen den Rechteinhabern jährlich Schäden in Millionenhöhe entstehen. Das Unrechtsbewusstsein vieler Internet-Benutzer ist diesbezüglich in der Tat wenig ausgeprägt.

So ist zum Beispiel von einer nach § 8 Abs. 4 UWG missbräuchlichen Abmahnung eines wettbewerbswidrigen Verhaltens auszugehen, wenn bei der Geltendmachung des Unterlassungsanspruchs das beherrschende Motiv des Gläubigers sachfremde Ziele sind (BGH GRUR 2006, 244, Rdn. 16; KG Berlin, Beschl. v. 08.07.2008, Az. 5 W 34/08). Ein derartiges sachfremdes Ziel ist beispielsweise das Interesse, Gebühren zu erzielen bzw. den abgemahnten Konkurrenten durch möglichst hohe Prozesskosten zu belasten. Nach herrschender Rechtsprechung (so auch Landgericht Bielefeld, Urt. v. 02.06.2006, Az. 15 O 53/06; Landgericht Bonn, Urt. v. 03.01.2008, Az. 12 O 157/07) ist bereits in einem massenhaften Abmahnen innerhalb kurzer Zeit ein wesentliches Indiz für einen Rechtsmissbrauch zu sehen. Dies gilt insbesondere, wenn die Abmahntätigkeit in keinem vernünftigen Verhältnis zur eigentlichen Geschäftstätigkeit mehr steht und bei objektivierter Betrachtung an der Verfolgung bestimmter Wettbewerbsverstöße kein nennenswertes wirtschaftliches Interesse außer dem Gebührenerzielungsinteresse bestehen kann (LG Bückeburg, Urt. v. 22.04.2008, Az. 2 O 62/08). Bei der Beurteilung der Rechtsmissbräuchlichkeit sind also die Anzahl der Abmahnungen ebenso wie die Umsätze des Abmahnenden und das Kostenrisiko der Abmahnungen wesentliche Faktoren.

Seit dem 01.09.2008 bestimmt der neu eingeführte § 97 a Abs. 2 UrhG, dass der Ersatz der erforderlichen Aufwendungen für die Inanspruchnahme anwaltlicher Dienstleistungen für die erstmalige Abmahnung von Urheberrechtsverletzungen sich in einfach gelagerten Fällen mit einer nur unerheblichen Rechtsverletzung außerhalb des geschäftlichen Verkehrs auf 100 € beschränkt. Der Zweck dieser Regelung ist klar: Abmahnwellen sollen sich nicht dadurch lohnen, dass Anwaltskosten auf abgemahnte Privatleute bei geringfügigen Verstößen abgewälzt werden und Schaden und Abgeltungsaufwand außer Verhältnis stehen. Es fehlt jedoch noch an Rechtsprechung zu der neuen Regelung und so stellen sich noch viele abmahnende Anwälte auf den Standpunkt, dass bei der jeweiligen Abmahnung keine nur unerhebliche Rechtsverletzung vorliege. So zweifelhaft dies sein mag, bleiben hier erste Entscheidungen durch die Gerichte abzuwarten.

9. Was (Foto-)blogger sonst noch beachten müssen

Viele Journalisten und Content Creator veröffentlichen ihre Werke über Blogs, sei es auf ihrer eigenen Internetseite oder über soziale Netzwerke wie Instagram oder Facebook. Über das Herstellen und Veröffentlichen von Fotos wurde im Rahmen dieses Leitfadens bereits ausführlich erläutert, was rechtlich zu beachten ist. In diesem Abschnitt soll zusätzlich im Überblick darüber aufgeklärt werden, welche weiteren rechtliche Aspekte Blogger zu beachten haben:

9.1 Das Verwenden sonstiger fremder Werke in eigenen Beiträgen

Auf Veröffentlichungen von Personenbildern, Sachaufnahmen und die Nutzung fremder Fotos wurde bereits ausführlich eingegangen. Bei der Veröffentlichung sonstiger fremder urheberrechtlich geschützter Werke gilt ebenfalls das Gleiche wie für Fotos: Auch die Nutzung anderer Werke darf nur mit Zustimmung des Urhebers, meist gegen eine Lizenzgebühr, genutzt werden. Ausnahmsweise können die Werke auch ohne Zustimmung genutzt werden, wenn sich im Urhebergesetz eine gesetzliche Ausnahme findet – wie etwa das oben erwähnte Zitatrechts oder die Pastiche. Hier bestehen aber, wie bereits erwähnt, viele rechtliche Fallstricke. Bevor man also ein Risiko eingeht, sollte man sich lieber die Zustimmung der Urheber einholen oder ausschließlich eigene Werke auf seinen Blogs veröffentlichen. Es gibt auch einige Anbieter im Internet, bei denen man kostenlos oder gegen eine Gebühr Lizenzen für Werke erwerben kann, zum Beispiel für Stockfotos oder Musikstücke. Dabei sind jedoch die Nutzungsbedingungen der jeweiligen Anbieter genau zu beachten. Oftmals ist bei der Verwendung des Werkes der Urheber und die Agentur anzugeben.

Mittlerweile ist es auch üblich, seine Fotos oder Videos auf sozialen Netzwerken mit Musik zu hinterlegen. Damit man auf sozialen Netzwerken trotzdem Musikstücke für seine Posts nutzen kann, ohne eine Gebühr bei den jeweiligen Urhebern zahlen zu müssen, haben viele Plattformbetreiber wie Instagram, TikTok oder YouTube eine eigene Musikdatenbank. Darin sind Songs enthalten, für welche die Plattformbetreiber einen Vertrag mit verschiedenen Verwertungsgesellschaften wie GEMA abgeschlossen haben. Doch Vorsicht! Diese Verträge decken nur die Nutzung zu privaten Zwecken ab. Jeder, der beruflich in einem der sozialen Netzwerke unterwegs ist oder auch nur beabsichtigt, mit den Postings (auch) Geld zu verdienen, muss davon die Finger lassen. Sonst drohen Abmahnungen. Für Unternehmensaccounts bzw. für die kommerzielle Nutzung gibt es für Instagram nur die weniger beliebte „Facebook Sound Collection" und bei Tiktok nur das TikTok Creative Center. Dabei handelt es sich um eine Auswahl an weniger aktueller Musik, die man unter Einhaltung der Nutzungsbedingungen der Plattformen kostenlos verwenden kann. Alternativ muss man sich selbst um Lizenzen für die Musik bemühen, die man in den sozialen Medien verwenden will.

9.2 Veröffentlichungen von Textberichten und Aussagen

Zu den Bildern werden oft schriftliche Beiträge veröffentlicht. Wenn Aussagen über andere Personen getroffen werden, müssen stets die Rechte Dritter berücksichtigt werden. Die Meinungsfreiheit findet nämlich ihre Grenzen dort, wo das Persönlichkeitsrecht Dritter verletzt wird. Bei der Bewertung, ob eine Äußerung das Persönlichkeitsrecht verletzt, ist zwischen Tatsachenbehauptungen und Werturteilen zu differenzieren.

Oftmals ist die Abgrenzung nicht ganz einfach. Für die Unterscheidung ist die Äußerung im Gesamtzusammenhang zu betrachten. Eine Tatsachenbehauptung ist eine Aussage, die dem Beweis zugänglich sind, also überprüfbar ist. Werturteile hingegen sind geprägt durch Elemente der Stellungnahme und des Dafürhaltens. Sie sind gerade nicht beweisbar.

Die Zulässigkeit einer Tatsachenbehauptung richtet sich dann danach, ob diese wahr oder unwahr ist. Unwahre Tatsachenbehauptung sind stets unzulässig, denn es besteht kein öffentliches Interesse daran, unwahre Tatsachen zu verbreiten. Wahre Tatsachenbehauptung sind grundsätzlich zulässig, doch auch da bestehen Ausnahmen. Wenn die Tatsachenbehauptungen die Intimsphäre einer Person betreffen (zum Beispiel Sexualleben oder Krankheiten), sind die Aussagen praktisch immer unzulässig. Tatsachenbehauptungen, welche die weniger geschützte Privat- oder Sozialsphäre einer Person betreffen, können ebenfalls unzulässig sein, wenn ein Persönlichkeitsschaden zu befürchten ist und daher das Interesse an der Verbreitung der Wahrheit zurückstehen muss. Hier kann aber ein öffentliches Informationsinteresse an diesen Informationen bestehen, sodass auch über solche Details aus dem Privatleben meist prominenter Personen berichtet werden darf. Doch auch hier kommt es auf den Einzelfall an, die Rechtsprechung hierzu ist komplex.

Bei Werturteilen ist eine Abwägung zwischen der Meinungsfreiheit und dem allgemeinen Persönlichkeitsrecht der betroffenen Person vorzunehmen. Dies beurteilt sich nach dem Einzelfall. Daher ist bei Werturteilen stets Vorsicht geboten. Bevor man eine Aussage veröffentlicht, sollte man sich daher vorher vergewissern, ob diese Aussage eventuell rufschädigend, beleidigend oder ehrverletzend sein könnten. Bei Formalbeleidigungen und Schmähkritik – also Äußerungen, die lediglich dazu da sind, die Person zu diffamieren und in ihrem öffentlichen Ansehen herabzusetzen und nicht darauf gerichtet sind, zur öffentlichen Meinungsbildung beizutragen – sind in der Regel nicht von der Meinungsfreiheit gedeckt und daher unzulässig. Abgesehen von solchen Extremfällen kommt es drauf an, über welche Person die Aussage getroffen wird. Bei Personen des öffentlichen Lebens besteht ein höheres öffentliches Interesse, sodass hier in der Regel ein größerer Spielraum besteht. Doch auch ihre Rechte sind nicht unberücksichtigt zu lassen. Wer sich jedoch öffentlich zu Themen äußert, muss damit rechnen, dass öffentlich darauf eingegangen wird und dies kritisiert werden kann.

Ebenso kann die Erwähnung des vollen Namens einer anderen Person dessen Rechte verletzen und gegen Datenschutzrecht verstoßen. Auch, wenn man einen Unternehmensblog führt und einen Konkurrenten negativ erwähnt, ist Vorsicht geboten, da dies gegen Wettbewerbsvorschriften verstoßen kann und man mit Abmahnungen rechnen muss.

9.3 Werbung

Sobald man für ein Produkt wirbt – selbst wenn man dafür nicht bezahlt wurde oder es das eigene Produkt ist – sind einige rechtliche Vorgaben zu beachten, damit man sich nicht wegen des Verdachts der Schleichwerbung in die Gefahr begibt, abgemahnt zu werden.

© amenic181 – stock.adobe.com

Influencer, die Waren anbieten, müssen Ihre Beiträge als Werbung deklarieren.
Auf bezahlte Werbung ist hinzuweisen.

Werben für Produkte Dritter

Sobald man eine Gegenleistung für das Werben eines Produktes oder einer Leistung eines Dritten erhält, muss klar und erkennbar angegeben werden, dass es sich um Werbung handelt. Eine Gegenleistung kann dabei in Form von Rabatten, Provisionen, Zusendungen des Produkts oder sonstige Kostenübernahmen erfolgen.

In solchen Fällen ist eine deutliche Kennzeichnung wie „Werbung" oder „Anzeige" erforderlich (vgl. BGH-Urt. v. 06.02.2014, Az. I ZR 2/11). Nach der Rechtsprechung reicht der Hinweis „Sponsered" oder „Ad" nicht aus. Der Verbraucher soll nämlich erkennen, dass gerade für ein Produkt geworben wird und es sich daher nicht um eine objektive Meinung zu dem Produkt handelt.

Wenn man keine Gegenleistung erhält, sondern ein selbst bezahltes Produkt vorstellt, handelt es sich laut Rechtsprechung grundsätzlich nicht um kennzeichnungspflichtige Werbung. Allerdings kann es aber durchaus Fälle geben, in denen es nach außen hin wie Werbung wirkt. Für solche Fälle gibt es in § 5a Abs. 4 des Gesetzes gegen den Unlauteren Wettbewerb (UWG) jetzt eine Vermutungsregel: Der Erhalt oder das Versprechen einer Gegenleistung wird vermutet, es sei denn der Handelnde macht glaubhaft, dass er eine solche nicht erhalten hat. Man sollte daher den Beleg für das gekaufte Produkt aufheben und im Zweifelsfall vorzeigen können.

Immer beliebter werden auch Werbeanzeigen verpackt in einer redaktionellen Aufmachung, also sogenannte Advertorials. Es gibt jedoch ein Trennungsgebot, dass eine klare Trennung zwischen redaktionellen Inhalt und Werbung vorsieht. Bei einem Advertorial ist diese Trennung gerade nicht erkennbar, daher müssen sie klar und deutlich mit „Anzeige" oder „Werbung" gekennzeichnet werden, ansonsten läge ebenfalls eine unzulässige Schleichwerbung vor.

Werben für eigene Produkte

Wenn man für eigene Produkte wirbt und nach außen hin klar ist, dass es sich um das eigene Produkt handelt, ist die Kennzeichnung als Werbung nicht notwendig. Denn in einem solchen Fall weiß der Verbraucher, dass die Person nicht neutral und objektiv über ein Produkt berichtet, da es sein eigenes Produkt ist und er natürlich dafür werben will.

10. Aktuelle Rechtsprechung zum Fotorecht

Im Folgenden wird eine kleine Auswahl an aktuellen Urteilen zu den Themen Bilderklau und Verletzung des allgemeinen Persönlichkeitsrechts zusammenfassend dargestellt.

10.1 Urteile zum sogenannten „Bilderklau"

LG München: Veröffentlichung eines fremden Fotos über eine Protestaktion – Urteil vom 20.06.2022, Az. 42 S 231/21

Eine Partei veröffentlichte ohne Einwilligung das Bild eines Fotografen auf Facebook. Darauf war ein Aktionskünstler im Rahmen einer Protestaktion gegen die Partei zu sehen. Dazu fügte die Partei auf das Bild den Schriftzug „Ein Bild sagt mehr als tausend Worte". Dafür wurde die Partei verurteilt, an den Fotografen rund 900 € Schadensersatz sowie Aufwendungsersatz für die unberechtigte Verwendung seines Fotos zu zahlen. Die Partei könne sich nicht auf eine gesetzliche Ausnahme berufen. Trotz des Schriftzugs liege zunächst keine Bearbeitung oder Umgestaltung nach § 23 Abs. 1 S. 1 UrhG vor, da das Bild allein durch die Hinzufügung eines Schriftzugs nicht genug verändert worden sei. Es liege auch kein Unterschied zum Originalwerk vor, sodass es auch nicht als Parodie, Karikatur oder Pastiche einzustufen sei. Die Schrankenbestimmung nach § 50 UrhG sei ebenfalls nicht anzuwenden, da die Partei das Bild nicht als Berichterstattung nutze, sondern die Protestveranstaltung kritisieren wollte:

„Eine Bearbeitung oder andere Umgestaltung im Sinne des § 23 Abs. 1 S. 1 UrhG liegt nicht vor. Die Beklagte hat das Lichtbild des Klägers nahezu unverändert übernommen: Lediglich am linken oberen Rand wird ein unwesentlicher kleiner Teil der Fotografie durch einen von der Beklagten angebrachten Schriftzug überdeckt. Zwar kann eine Bearbeitung oder andere Umgestaltung gemäß § 23 UrhG auch dann vorliegen, wenn das abhängige Werk das benutzte als solches unverändert wiedergibt, denn es ist nicht entscheidend, ob für die Bearbeitung das Original oder ein sonstiges Werkstück in seiner Substanz verändert wurde. In einem derartigen Fall muss jedoch das geschützte Werk in ein neues „Gesamtkunstwerk" derart integriert werden, dass es als dessen Teil erscheint. (...)

Zwar ist nach § 50 UrhG nicht nur der nackte Tatsachenbericht privilegiert, sondern auch die den Hintergrund einbeziehende, wertende und kommentierende Reportage, solange die Information über die tatsächlichen Vorgänge noch im Vordergrund steht. Vorliegend verwendet die Beklagte das Lichtbild des Klägers aber nicht, um über die Protestveranstaltung, bei der das streitgegenständliche Lichtbild entstanden ist zu berichten. Vielmehr versucht sie die Gegenveranstaltung durch die Überschrift „Ein Bild sagt mehr als tausend Worte!" verächtlich zu machen und dies durch Einbindung des Lichtbildes und des Slogans auf ihrer F.-Seite mit Nutzung ihres Logos als eigene Werbung für sich zu nutzen. (...)

Die Beklagte kann sich nicht mit Erfolg auf die Schrankenbestimmungen des § 51a UrhG berufen. (...) In allen drei Fällen geht es dem Verwender darum, Aufmerksamkeit für die eigene Meinung bzw. künstlerische Aussage dadurch zu erzeugen, dass er mit dieser an ein bekanntes Vorbild anknüpft. In Abgrenzung zum unzulässigen Plagiat müssen Parodien, Karikaturen und Pastiches wahrnehmbare Unterschiede zum Originalwerk aufweisen. Im konkreten Fall ist stets ein angemessener Ausgleich zwischen den Rechten und Interessen des betroffenen Rechtsinhabers und denen des Nutzers zu gewährleisten, wobei sämtliche Umstände des Einzelfalls, wie etwa der Umfang der Nutzung in Anbetracht ihres Zwecks zu berücksichtigen, sind."

BGH: Eingabe einer 70-stelligen URL – Urteil vom 27.05.2021, Az. I ZR 119/20

In dem Sachverhalt hat ein eBay-Verkäufer drei von einem Berufsfotografen gefertigte Fotos für eine eBay Kleinanzeige verwendet. Der Fotograf mahnte den Verkäufer ab, der sich im Rahmen einer Unterlassungserklärung dazu verpflichtete, die Bilder nicht mehr öffentlich zugänglich zu machen. Einige Zeit später machte der Fotograf geltend, dass Verkäufer gegen die Unterlassungserklärung verstoßen habe, da die Bilder unter einer 70-stelligen URL, die aus Groß- und Kleinbuchstaben, Zahlen und Sonderzeichen bestand, von jedem weltweit übers Internet abrufbar sind. Er verlangte daher erneute Unterlassung und Zahlung der Vertragsstrafe in Höhe von 1.000 €. Der BGH entschied aber, dass die Fotos nicht mehr öffentlich wiedergegeben seien, wenn diese nur noch isoliert per Deep-Link durch Eingabe der 70-stelligen URL zu finden sind:

„Das für die Prüfung der öffentlichen Zugänglichmachung relevante Kriterium ‚recht viele Personen' ist nicht erfüllt, wenn ein Produktfoto, dass zunächst von einem Verkäufer urheberrechtsverletzend auf einer Internethandelsplattform im Rahmen seiner Verkaufsanzeige öffentlich zugänglich gemacht worden war, nach Abgabe einer Unterlassungserklärung des Verkäufers nur noch durch die Eingabe einer rund 70 Zeichen umfassenden URL-Adresse im Internet zugänglich war und nach der Lebenserfahrung davon auszugehen ist, dass die URL-Adresse nur von Personen eingegeben wird, die diese Adresse zuvor – als das Foto vor Abgabe der Unterlassungserklärung noch im Rahmen der Anzeige des Verkäufers frei zugänglich gewesen war – abgespeichert oder sie sonst in irgendeiner Weise kopiert oder notiert haben, oder denen die Adresse von solchen Personen mitgeteilt worden war."

OLG Frankfurt: Parodie im Sinne des § 51a UrhG erfordert Humor oder Verspottung – Urteil vom 02.02.2023, Az. 11 U 101/22

Hier ging es um ein Instagram-Video und eine Story, die ein urheberrechtlich geschütztes Bild von einem Rechtsanwalt zeigten, der einen Promi in einem Kinderpornographie-Verfahren vertreten hatte. Der Verbreiter dieser Inhalte kritisierte in diesem Zusammenhang den Rechtsanwalt und berief sich daher darauf, dass er das Bild zum Zwecke der Parodie verwendete und daher die Verwendung zulässig gewesen sei. Dieser Auffassung erteilte das Oberlandesgericht zumindest zum Teil eine Absage. Eine Parodie im Sinne des § 51a UrhG setze erkennbaren Humor oder eine Verspottung voraus. Bei bloßer Kritik an der Person liege keine Parodie vor. Doch auch hinsichtlich eines Teils der Story, bei der eine Parodie angenommen wurde, führte das nicht automatisch dazu, dass die Nutzung des Bildes nach § 51a UrhG zulässig war. Es sei eine Abwägung der beiderseitigen Interessen im Einzelfall erforderlich:

„(…) Danach bestehen die wesentlichen Merkmale einer Parodie zum einen darin, an ein bestehendes Werk zu erinnern, gleichzeitig aber ihm gegenüber wahrnehmbare Unterschiede aufzuweisen, und zum anderen einen Ausdruck von Humor oder eine Verspottung darzustellen (…) Die Bemerkung des Beklagten lässt keinen Humor erkennen. Sie stellt auch keine Verspottung dar, sondern ist nur - gemeinsam mit den sonstigen Äußerungen des Beklagten über den Kläger - Ausdruck der Kritik am Kläger. (…) Jedenfalls zeichnet sich eine Verspottung dadurch aus, dass es sich um Äußerungen handelt, die mit einer Herabsetzung des Verspotteten einhergehen, Schadenfreude oder Verachtung bekunden oder hervorrufen oder verletzend oder boshaft sind. (…)

Demgegenüber ist die Verwendung der Fotografie in der Instagram-Story jedenfalls hinsichtlich des unteren Bildes im Rahmen einer Parodie erfolgt. (…) Allein die Einordnung der Instagram-Story als Parodie führt nicht zur Rechtmäßigkeit der Verwendung des Fotos. Vielmehr bedarf es einer Interessenabwägung unter Berücksichtigung aller maßgeblichen Gesichtspunkte. Insoweit sind auch außerhalb des Urheberrechts liegende Rechte Dritter zu beachten, jedoch nur, soweit der Urheber ein berechtigtes Interesse daran hat, dass sein Werk nicht mit einer solchen Verletzung in Verbindung gebracht werde. Dabei ist wegen der grundlegenden Bedeutung der Meinungsfreiheit, der insbesondere Karikatur und Parodie dienen, nicht jede Beeinträchtigung rechtlich geschützter Interessen von Bedeutung. Die Interessenabwägung darf nicht im Sinne einer „Political-Correctness-Kontrolle" missverstanden werden."

10.2 Urteile zur Verletzung von Persönlichkeitsrechten

BGH: Selbstöffnung durch Veröffentlichung von Fotos auf Instagram-Accounts – Urteil vom 2.8.2022, Az. VI ZR 26/21

Ein bekannter Komiker und TV-Moderator war mit einer Frau liiert, die in den Medien als „Sexbloggerin" auftritt und Protagonistin einer Fernsehsendung ist. Sie verbrachten Anfang Januar 2018 einen gemeinsamen Urlaub, von dem sie auf Instagram Bilder veröffentlichten. Ein Medium berichtete auf seiner Internetseite von dieser Liebesbeziehung unter voller Namensnennung: „[X]: Liebt er Sex-Bloggerin [Y]? Liebes-Geheimnis gelüftet! Offiziell ist Comedian [X] (28) seit Jahren single." Der BGH entschied, dass der Komiker keinen Anspruch auf Unterlassung der Berichterstattung habe:

> *„(...) Zwar kann die Veröffentlichung von Spekulationen über eine Liebesbeziehung in den Schutzbereich des allgemeinen Persönlichkeitsrechts eingreifen. Betroffen ist in einem solchen Fall das durch Art. 2 Abs. 1, 1 Abs. 1 GG, Art. 8 Abs. 1 EMRK gewährleistete Recht auf Achtung der Privatsphäre, das jedermann einen autonomen Bereich der eigenen Lebensgestaltung zugesteht, in dem er seine Individualität unter Ausschluss anderer entwickeln und wahrnehmen kann. Dazu gehört auch das Recht, für sich zu sein, sich selbst zu gehören und den Einblick durch andere auszuschließen. (...) Zur Privatsphäre gehören demnach auch Informationen über das Bestehen einer Liebesbeziehung, deren Bekanntwerden der Betroffene – aus welchen Gründen auch immer – nicht wünscht, sondern vielmehr geheim halten möchte.*
>
> *Eine Berichterstattung, die über eine Liebesbeziehung spekuliert, kann sich durch ein berechtigtes Informationsinteresse der Öffentlichkeit rechtfertigen lassen, wenn die klagende Person dieses Interesse durch ihr eigenes Verhalten begründet hatte."*

BGH: Abweichender Persönlichkeitsrechtsschutz zwischen Bild- und Wortberichterstattung – Tochter von Prinzessin Madeleine – Urteil vom 29.5.2018, Az.VI ZR 56/17

Der Schutz des allgemeinen Persönlichkeitsrechts gegen eine Presseberichterstattung reicht hinsichtlich der Veröffentlichung von Bildern einerseits und der Wortberichterstattung andererseits unterschiedlich. Je nach Einzelfall kann ein Bild, aber auch ein Text den Betroffenen schwerwiegender beeinträchtigen. Es ist aber niemals pauschal gleich zu behandeln. Nur weil eine Berichterstattung zulässig ist, muss die Veröffentlichung eines dazugehörigen Bildes nicht automatisch auch zulässig sein und genauso umgekehrt.

Der Kläger in diesem Verfahren war der Ehemann von Prinzessin Madeleine von Schweden. Die Beklagte ist Verlegerin der Zeitschrift „die exclusive". Sie veröffentlichte ein Bild, welches den Kläger, seine Ehefrau und die gemeinsame Tochter zeigt. Darauf war zu sehen, wie sie die Tochter in einem öffentlichen Park in New York fütterten.

Der BGH entschied, dem Kläger stehe Anspruch auf Unterlassung der Veröffentlichung und Verbreitung zu.

„(...) Für die Gewichtung der Belange des Persönlichkeitsschutzes wird neben den Umständen der Gewinnung der Abbildung, etwa durch Ausnutzung von Heimlichkeit und beharrlicher Nachstellung, auch bedeutsam, in welcher Situation der Betroffene erfasst und wie er dargestellt wird. Das Gewicht der mit der Abbildung verbundenen Beeinträchtigungen des Persönlichkeitsrechts ist erhöht, wenn der Betroffene nach den Umständen, unter denen die Aufnahme gefertigt wurde, typischerweise die berechtigte Erwartung haben durfte, nicht in den Medien abgebildet zu werden, etwa weil er sich in einer durch Privatheit geprägten Situation, insbesondere einem besonders geschützten Raum, aufhielt. Allerdings erfordern Privatheit und die daraus abzuleitende berechtigte Erwartung, nicht in den Medien abgebildet zu werden, nicht notwendig eine durch räumliche Abgeschiedenheit geprägte Situation. Vielmehr könne sie in Momenten der Entspannung oder des Sich-gehen-Lassens außerhalb der Einbindung in die Pflichten des Berufs und des Alltags auch außerhalb örtlicher Abgeschiedenheit entstehen.

Umfasst der Gegenstand der Bildberichterstattung die elterliche Hinwendung zum Kind, ist in die Abwägung schon auf der Stufe des § 23 Abs. 1 Nr. 1 KUG weiter mit einzubeziehen, dass der Persönlichkeitsschutz des abgebildeten Elternteils eine Verstärkung durch Art. 6 Abs. 1, Abs. 2 GG erfahren kann. Kinder bedürfen eines besonderen Schutzes, weil sie sich zu eigenverantwortlichen Personen erst entwickeln müssen. Der Bereich, in dem Kinder sich frei von öffentlicher Beobachtung fühlen und entfalten dürfen, muss deswegen umfassender geschützt sein als derjenige erwachsener Personen. (...)

Zwar wird es regelmäßig an einem Schutzbedürfnis fehlen, wenn sich Eltern mit ihren Kindern bewusst der Öffentlichkeit zuwenden, etwa gemeinsam an öffentlichen Veranstaltungen teilnehmen oder gar in deren Mittelpunkt stehen. Insoweit liefern sie sich den Bedingungen öffentlicher Auftritte aus. Im Übrigen kann der Schutz des allgemeinen Persönlichkeitsrechts zugunsten spezifischer Eltern-Kind-Beziehungen grundsätzlich aber auch dort eingreifen, wo es an den Voraussetzungen der örtlichen Abgeschiedenheit fehlt.

Weder der Kläger noch seine Ehefrau üben ein politisches Amt aus. Prinzessin Madeleine steht auf Platz sieben der schwedischen Thronfolge. Sie ist eine der

„Töchter des schwedischen Staatsoberhaupts, dem seinerseits lediglich repräsentative Aufgaben zukommen. Ein gesteigertes Informationsinteresse des Publikums unter dem Gesichtspunkt demokratischer Transparenz und Kontrolle (vgl. Senat ZUM-RD 2018, 327 Rn. 19; BGHZ 177, 119 = ZUM 2008, 789 Rn. 17) lässt sich daher nicht begründen."

BGH: Veröffentlichung von Fotos eines ehemaligen Staatsoberhaupts bei Supermarkteinkauf – Urteil vom 06.02.2018, Az. VI ZR 76/17

Der ehemalige Bundespräsident Christian Wulff und seine Frau Bettina wurden beim Einkaufen fotografiert. Dieses Bild wurde in einer Illustrierten veröffentlicht und im Zuge dessen wurde über ihre Liebesbeziehung berichtet. Das Berufungsgericht entschied, dass die Interessen des Ex-Präsidenten an seiner Privatsphäre gegenüber der öffentlichen Informationsarbeit überwogen, da es sich um einen belanglosen Vorgang handele und jeder Bezug zur politischen Tätigkeit fehle. Der BGH hingegen folgte dem nicht und entschied, dass hier die besonders herausgehobene Stellung des ehemaligen Bundespräsidenten, der Kontext und die von ihm in der Vergangenheit ausgeübte Selbstöffnung hinreichend berücksichtigt werden müssten. Schon bei der Beurteilung, ob ein Bild dem Bereich der Zeitgeschichte zugeordnet wird, sei eine Abwägung der Rechte des Abgebildeten und der Rechte der Presse vorzunehmen. Hier lag zwar keine Einwilligung des Betroffenen vor, jedoch habe es sich um ein Bildnis der Zeitgeschichte gehandelt. Dabei dürfe nämlich der Begriff der Zeitgeschichte nicht zu eng verstanden werden. Er umfasse nicht nur historisch-politisch bedeutende Vorgänge, sondern auch allgemein das Geschehen der Zeit, insbesondere allgemein gesellschaftliche Interessen. Zudem sei auch die Pressefreiheit der Zeitschrift zu beachten. Ob eine Bebilderung für die Berichterstattung erforderlich ist, sei nicht zu prüfen. Die Bebilderung sei von der Pressefreiheit geschützt. Und insbesondere bei Politikern bestehe ein gesteigertes Informationsinteresse der Öffentlichkeit unter dem Gesichtspunkt der demokratischen Transparenz und Kontrolle, wie auch der Europäische Gerichtshof für Menschenrechte entschieden habe. Auch nach Amtsverlust bleibe Wulff zumindest für eine Übergangszeit eine politische Person. Wulff trete auch selbst medial als Altpräsident auf. Bei der Abwägung falle auch ins Gewicht, dass Wulff in der Vergangenheit selbst sein Ehe- und Familienleben regelmäßig intensiv öffentlich thematisiert habe. Diese Selbstöffnung wirke auch nach der Amtszeit fort. Darüber hinaus sei hier nicht seine Privatsphäre, sondern nur seine Sozialsphäre betroffen, da das Foto im öffentlichen Raum entstanden ist und ein Einkauf im Supermarkt durch die Öffentlichkeit wahrgenommen werden kann. Sie zeigten ihn auch nur in einer unverfänglichen Alltagssituation und werteten ihn nicht herab. Insgesamt kommt der BGH daher durch diese Würdigung der Einzelumstände zu dem Schluss, dass die Veröffentlichung des Fotos und die Berichterstattung zulässig waren.

„(...) Bei der Prüfung der Frage, ob und in welchem Ausmaß die Berichterstattung einen Beitrag zur öffentlichen Meinungsbildung leistet und welcher Informationswert ihr damit beizumessen ist, ist von erheblicher Bedeutung, welche Rolle dem Betroffenen in der Öffentlichkeit zukommt. Der EGMR unterscheidet zwischen Politikern („politicians/personnes politiques"), sonstigen im öffentlichen Leben oder im Blickpunkt der Öffentlichkeit stehenden Personen („public figures/ personnes publiques") und Privatpersonen („ordinary person/personne ordinaire"), wobei einer Berichterstattung über letztere engere Grenzen als in Bezug auf den Kreis sonstiger Personen des öffentlichen Lebens gezogen seien und der Schutz der Politiker am schwächsten sei.

Er erkennt ein gesteigertes Informationsinteresse der Öffentlichkeit hinsichtlich politischer Akteure an, wobei nicht nur die Amtsführung, sondern unter besonderen Umständen im Hinblick auf die Rolle der Presse als „Wachhund der Öffentlichkeit" auch Aspekte des Privatlebens betroffen sein können."

BGH: Clickbaiting ohne Bezug zum redaktionellen Inhalt stellt Verletzung des Rechts am eigenen Bild dar – Urteil vom 21.01.2021, Az. I ZR 120/19

Die Programmzeitschrift „TV Movie" postete auf ihrem Facebook-Profil ein Bild des berühmten Fernsehmoderator Günther Jauch ohne dessen Einwilligung und schrieb folgenden Titel dazu: „+++ GERADE VERMELDET +++ Einer dieser TV-Moderatoren muss sich wegen KREBSERKRANKUNG zurückziehen. Wir wünschen, dass es ihm bald wieder gut geht". Durch Anklicken der Meldung gelangten die Leser auf die Internetseite von „TV Movie", in der in einem Artikel über die Erkrankung des Roger Willemsen berichtet wurde. Der Kläger, Günther Jauch, forderte eine fiktive Lizenzgebühr in Höhe von mindestens 20.000 €. Das Landgericht und das Berufungsgericht haben entschieden, dass dem Kläger der Anspruch zusteht. Auch der BGH beanstandete dies nicht. Er führte zudem aus, dass eine prominente Person es nicht hinnehmen müsse, dass ihr Bild in der Presse unentgeltlich für Werbezwecke für redaktionelle Beiträge eingesetzt werde, die sie nicht betreffen. Die Verwendung des Bildes selbst habe keinen Informationswert und stehe nicht im Zusammenhang mit dem Inhalt des Berichts. Ziel allein sei es, eine hohe Aufmerksamkeit auf den verlinkten Beitrag zu erzielen. Demnach falle auch eine Abwägung zulasten der Programmzeitschrift aus.

Originalausgabe
Copyright © Rechtsanwalt Christian Solmecke
Kanzlei WILDE BEUGER SOLMECKE, Köln
www.wbs-law.de

Verlag und Vertrieb
Scout Medien GmbH
Schwarzgrub 5, 94262 Kollnburg
www.scout-medien.de

ISBN: 978-3-948309-12-1

Produktmanagement und Autorenkoordination
Daniela Fleischmann und Bernd Degen

Layout und Gestaltung
Tobias Bauer

Haftungsausschluss
Alle Angaben in diesem Buch wurden sorgfältig recherchiert und geprüft. Alle Angaben in diesem Buch erfolgen daher ohne jede Gewährleistung oder Garantie seitens der Autoren und des Verlages. Eine Haftung der Autoren und des Verlages für Personen-, Sach- und Vermögensschäden ist ausgeschlossen.

Bildnachweise
Alle Fremdfotos sind mit Namen bezeichnet. Alle Fotos ohne Namen sind aus dem Archiv von Scout Medien GmbH.